KB245496

숨쉬기보다
쉬운 실전투자

처음 시작하는
주식

숨쉬기보다 쉬운 실전투자

처음 시작하는 주식

초판발행 | 2013년   1월 2일

지은이 | 박정석
펴낸이 | 이광재
펴낸곳 | 카멜북스
출판등록 | 제311-2012-000068호

주소 | 서울특별시 마포구 합정동 455-11 2층
전화 | 02)3144-7113
팩스 | 02)374-8614
이메일 | book@camelbooks.co.kr
홈페이지 | www.camelbooks.co.kr

ISBN   978-89-98599-00-3   13320

책임편집 | 이광훈, 이두일
교정 | 임채경

값 18,000원

숨쉬기보다 쉬운 실전투자

처음 시작하는 주식

• 박정석 지음 •

이해는 했으나 실천이 어렵다면, 그것은 가이드북이 아니라 이론서에 불과하다!

이 책은 초보 투자자를 위한 체계적인 교육과정과 구체적인 투자 실행방법을 제시하는데 중점을 두었으며, 먼저 교육과정은 주식투자 이해, 실전 감각 익히기, 실전 종목 선정, 기술적 분석으로 주가 예측하기 등, 총4단계로 나누어 주식투자 이론에서부터 실전투자까지 단계적이고 체계적으로 익힐 수 있도록 하였다.

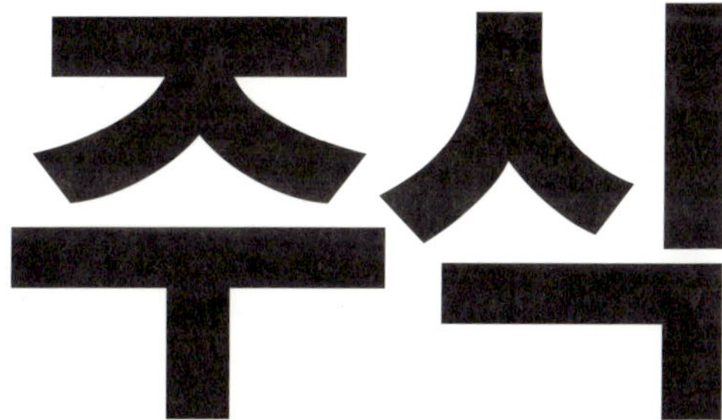

메카르북스

시작 하는 글

입문서는 실전에서 활용할 수 있는 비법서가 아니라 실전에서 바른길로 갈 수 있게 길잡이 역할을 하는 가이드북이자 투자자의 기초 체력을 만들어 주는 기본서이다. 운동과 마찬가지로 주식투자도 기본이 매우 중요하다. 초반에 기본기를 잘 잡아 놓으면 발전 단계가 빠르고 좋은 성과를 낼 수 있기 때문이다. 특히, 주식시장은 이론과 비법이 난무하는 곳이므로 기본이 쉽게 무너지는 경우가 많다. 기본이 바로 잡혀 있지 않으면 투자 원칙은 바람에 갈대 휘날리듯 흔들리게 되고 결국 큰 손실로 이어지게 된다. 이 책의 목표는 초보 투자자들의 탄탄한 주식투자 기본기를 만들어 이러한 실수를 범하지 않도록 하는 것이다.

이 책은 초보 투자자를 위한 체계적인 교육과정과 구체적인 투자 실행방법을 제시하는데 중점을 두었다. 먼저 교육과정은 주식투자 이해, 실전 감각 익히기, 실전 종목 선정, 기술적 분석으로 주가 예측하기 등, 총4단계로 나누어 주식투자 이론에서부터 실전투자까지 단계적이고 체계적으로 익힐 수 있도록 하였다. 투자 실행방법에 있어 대부분의 주식투자 입문서는 이론 중심으로 이루어져 추상적인 경우가 많다. 심지어는 실전투자에 도움이 된다고 표방하는 책일지라도 실천 단계에서 늘 구체적이지 못하다. 다시 말해 읽고 난 후 "그래서 나보고 어떻게 하라고?"의 의문점만 생기게 된다. 그래서 초보자는 늘 난감하다. 이해는 했으나 실천이 어렵다면 이는 가이드북이 아니라 이론서에 불과한 것이다. 따라서 이 책에서는 주식투자 입문서들의 이러한 문제점을 해결하기 위해, 실행 단계를 보다 구체적으로 표현함으로써 초보 투자자들이 쉽게 이해하고 실행할 수 있는 방법을 제시하려고 노력했다.

아무쪼록 이 책을 통해 탄탄한 기본기를 닦아 성공할 수 있는 투자자의 초석을 마련하길 간절히 바란다. 끝으로 입문서적 한 권으로 실전투자에 뛰어든다는 것은 마치 고산 등반 가이드북 한 권 읽고 에베레스트 정상에 도전하려는 것이나 다름없다. 이제 겨우 첫발을 내딛는 순간이니 실전투자는 충분한 내공을 쌓은 이후에 도전하길 바란다.

— 2012년 12월

박정석(Soan Park) 올림

추천 하는 글

The tree must be bent while it is young.

"나무는 어릴 때 휘어잡아야 한다." 기본이 얼마나 중요한가를 잘 말해 주는 영국 속담입니다.

주식투자는 자신의 자산을 특정 회사에 맡기는 행위입니다. 그 회사의 가치 변동에 따라 수익과 손실이 결정됩니다. 때론 투자금의 큰 이익을 가져다주기도 하지만 때론 원금조차 받지 못하는 막대한 손해를 끼치기도 합니다.

이러한 양면성을 갖고 있는 주식투자에 입문하는 데 있어 가장 중요한 것은 투자의 기초를 어떻게, 얼마나 탄탄하게 쌓는가 입니다. 기초가 튼튼해야만 많은 정보와 지식, 자신만의 기술과 자세를 습득할 수 있어 바르고 강한 투자자로 성장할 수 있기 때문입니다.

따라서 기초는 단순한 지식 습득을 넘어서 투자의 기본적 원칙을 확립하고 지킬 수 있는 소양을 쌓는 데 밑거름이 되어야만 그 의미가 있습니다. '처음 시작하는 주식'이 제시하는 일련의 학습 과정은 주식투자 입문자에게 이러한 밑거름 쌓기에 큰 도움이 줄 것입니다.

성공에는 성실함 외에는 왕도가 없습니다. 모두 성투(誠投)하시길 기원합니다.

— 팍스넷 비투비사업팀 팀장 강민선

CONTENTS

STEP 03
실전 종목 선정

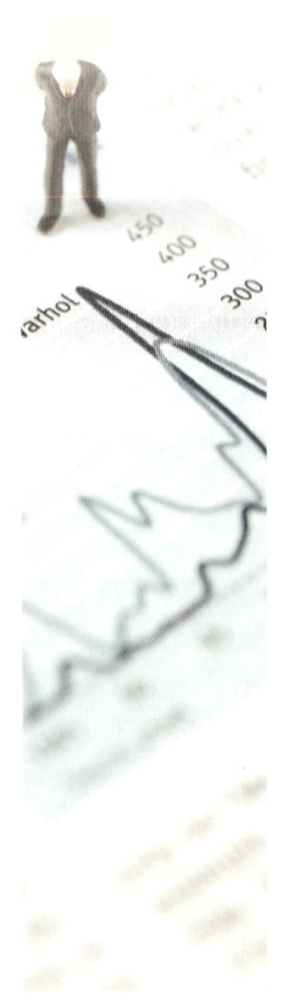

투자의 귀재들에게서 배운다

마리오 가벨리 (Mario Gabelli)
사적 시장가치와 촉매 개념을 도입한 열정의 '슈퍼마리오'

+ 가능하면 현금이 많은 기업에 투자하라.
+ 정부규제 완화, 경영환경 변화, 소비층 인구구성 변화 등
  외부변수 촉매에 주목하라.
+ 하나의 사건이 각각의 종목에 연쇄적으로 어떤 영향을 주는지
  연상기법을 동원하라.
+ 관심 있는 업종이 있다면 관련 기사나 책을 읽어라.
+ 안정적 현금보유로 투자기회를 포착하라.

앙드레 코스톨라니 (André Kostolany)
예술을 사랑한 '미스터 주식'

+ 주식투자의 성공은 과학이 아니라 예술이다.
+ 정보가 시세를 만드는 것이 아니라 시세가 정보를 만든다.
+ 주가 변화는 주식보다 바보가 많은지, 바보보다 주식이 많은지에 좌우된다.
+ 수면제와 우량주를 동시에 사서 천둥 번개를 의식하지 말고 한동안 푹 자라.
+ 대표 저서 : Die Kunst uber Geld nachzudenken (돈, 뜨겁게 사랑하고
  차갑게 다루어라), Kostolanys Börsenpsychologie (투자는 심리게임이다/
  실전투자강의)

워런 버핏 (Warren Buffett)

>>

주식투자만으로 세계 최고의 부자가 된 '투자의 귀재'

+ 투자 제1원칙은 돈을 절대 잃지 않는 것이고,

  제2원칙은 제1원칙을 잊지 않는 것이다.

+ 기업의 가치를 측정하는 것은 예술이자 과학이다.

+ 자신의 역량 안에서 평가할 수 있는 기업들만 상대하라.

+ 위험은 자신이 무엇을 하는지 모르는 데서 온다.

+ 관련 서적 : The essays of Warren Buffett : lessons for investors

  and managers (주식 말고 기업을 사라)

케네스 피셔 (Kenneth Fisher)

>>

월가 최고의 투자 전략가

+ 금융시장에서의 성공과 실패는 투자자의 스타일에 따라 결정된다.

+ 항상 새로운 걸 습득하여 시대 흐름에 올라타라.

+ 독자적인 판단 능력과 기준을 세워라.

+ 결과보단 원인분석을 통해 미래를 전망하라.

+ 관련 서적 : Common stocks and uncommon profits (위대한 기업에

  투자하라)

초 보 투 자 자 를 위 한

STEP
01

주식투자란 무엇인가?

01

주식과 주식투자

>>>>>>>>>> 주식에 투자하는 순간 내 돈의 가치는 주식 가격의 등락과 함께하기 때문에 주식투자에 입문하기 전에 주식이란 무엇이고 주식투자의 본질은 무엇인지를 파악하는 것은 중요하다.

주식과 주식회사

"한 사람이 아닌 여러 사람이 함께 돈을 모아 회사를 만들었을 때 누구에게 더 많은 권리와 의무를 줘야 할까?" 두말할 나위 없이 돈을 많이 투자한 사람에게 주어지는 게 당연하다. "그런데 그 사람의 권리와 의무를 어떻게 보증할 수 있을까?" 간단하다. 5천 원짜리 보증서를 투자한 금액만큼 만들어 주는 것이다. 그래서 그 보증서를 갖고 있는 수량만큼만 책임을 지고 권리를 행사하면 된다. 이처럼 여러 사람이 함께 투자한 자본금으로 만든 회사가 주식회사이고 그 보증서가 바로 주식이 되는 것이다.

그런데 회사를 운영하다 보면 돈이 더 필요한 경우가 많다. 이를 해결하기 위해 자신들의 주식을 투자자들에게 팔아 자금을 확보할 수 있으면 좋을 것이다. 그리고 누군가는 그 거래를 주선해 주고 또 누군가는 그 거래를 보증해 주면 매우 편리할 것이다.

즉, 회사는 자신들의 주식을 시장에 내다 팔기 위해 증권거래소의 심사를 받은 후 주식을 시장에 내놓으면(상장,上場) 투자자들은 주식거래 주선자인 증권회사를 통해 해당 회사의 주식에 투자하여 회사는 자본을 확보할 수 있게 된다.

주식은 가치투자이다

주식을 거래하는 모든 주체들을 투자자라고 부른다. 주식 하나 샀을 뿐인데 투자자인 것이다. 그런데 여기에 주식거래의 핵심이 숨어 있다.

투자는 그 회사가 앞으로 나에게 큰 이익을 주리라는 기대감 때문에 이루어지는 것인 반면 그 회사가 이익은 고사하고 내 돈을 까먹는 위험도 감수해야 한다.

또 회사가 투자자들에게 큰 이익을 돌려줄 가능성이 높다고 생각한다면 투자자들은 높은 가격으로 해당 회사의 주식을 사려 할 것이고 그 반대로 손실이 큰 것이라고 판단 되면 주식은 낮은 가격에 거래가 될 것이다.

이렇듯 주식거래는 앞으로 발생할 수 있는 이익에 대한 기대감으로 이루어지는 가치 투자이다. 이것이 주식거래의 핵심이며 주식거래를 하는 순간 당신은 '가치투자자'라는 사실을 단 한시도 잊지 말아야 한다.

주식을 이용한 자본금의 변동 : 증자와 감자

주식회사가 자본금을 늘리기 위해 주식을 추가로 발행하는 것을 증자(增資)라고 하고 반대로 자본금을 감소시키기 위해 주식을 줄이는 것을 감자(減資)라고 한다. 증자에는 새로 발행하는 주식을 돈을 주고 사는 유상증자와 무료로 받는 무상증자가 있고, 감자에 는 주주에게 현금을 돌려주고 주식을 줄이는 유상감자와 주주에게는 아무런 보상을 하 지 않고 주식을 줄이는 무상감자가 있다.

예를 들어 5 대 1 무상감자의 경우에 5주를 보유한 주주는 1주만 보유하게 되는 것이고 기업은 주주에게 보상을 지급하지 않았으므로 자산 총액은 변함이 없다. 주주의 입장에서 보상을 받지 못하고 주식 수가 줄어드는 경우이므로 통상적으로 무상감자가 실시되면 주가는 하락하게 된다.

주주의 권리와 의무

주주는 회사에 이익이 있을 경우 그 이익을 나눠 달라고 요청하고(이익배당청구권), 주주총회에 출석하여 어떤 결의에 참가할 수 있다(의결권). 심지어는 회사의 해산을 청구할 수 있는 등의 다양한 권리를 갖고 있다. 반면 주주는 자신이 주식에 투자한 금액만큼만 책임지고 이외에는 아무런 의무도 지지 않는다(주주유한책임의 원칙). 즉, 주식투자로 발생한 손해는 투자자 본인 책임이라는 것을 의미한다.

우선주(優先株)

표준이 되는 주식인 보통주보다 이익배당, 이자배당, 잔여 재산분배 등의 재산적 내용에 있어서 우선적 지위가 인정되나 보통 결의권이 없는 주식이다. 대개 배당률이 고정으로 정해져 있고 상환 조건도 포함되어 있어 배당금의 수취에만 관심이 있는 투자자에게 유리하다.

유상증자, 할인율 그리고 권리락

유상증자 시 주식을 보유하고 있던 주주는 일정 가격으로 신주(증자를 하게 되면 주식을 새로 발행을 하게 된다. 이때 발행되는 주)를 청약할 수 있는 권리가 우선적으로 부여된다. 청약신청 자격은 공시된 신주배정기준일까지 주식을 보유하고 있는 주주에 한한다. 기준일 이후 새로운 투자자들이 신주 거래를 시작하면 그 권리는 자동적으로 소멸되고 이를 '권리락'이라고 한다.

유상증자는 주주들의 청약을 활성화시키기 위해 신주를 현 시세보다 20~30% 할인된 가격으로 발행한다. 따라서 기존 주주들은 일반투자자보다 득을 보는 셈인데 이러한 불공평을 보완하기 위해 신주 거래 개시 주가를 낮게 조정하여 일반투자자들이나 유상증자에 참여하지 않은 주주들과의 공평성을 유지하게 만든다. 따라서 권리락은 주가가 낮게 조정된 상태로 거래가 시작된다. 일반적으로 권리락이 시행되는 것은 신주배정기준일 전일이다.

유상증자는 단기적으로는 주가가 하향 조정되지만 회사 재무구조에 문제가 없다면 일반적으로 원래의 주가로 서서히 회복하게 된다.

02

주식매매 방법과 수익발생 구조

>>>>>>>>>>>> 주식을 사고파는 방법과 주식거래 시 어떻게 수익이 나고, 왜 손실이 발생하는 지를 살펴보고 주식거래에 따른 수수료와 세금은 어느 정도인지 알아보자.

거래방법과 수익

주식은 거래소라는 주식시장을 통해 사고팔게 된다. 물론 사전에 거래 장소·시간· 품목을 미리 정해 놓고, 일정한 자격을 갖춘 회원 또는 거래원이 일정한 규칙 하에서 매매(賣買, 사고파는 행위)를 할 수 있는 시장이다.

회원 자격은 은행이나 증권사를 통해 증권계좌 개설 및 증권사 무료회원가입을 하면 부여되며, 매매는 증권사의 영업점에 마련된 객장에서뿐만 아니라 전화(ARS)나 다양한 온라인 시스템을 통해서도 가능하다.

인터넷이 가능한 곳이라면 증권사에서 제공하는 홈트레이딩시스템(HTS, Home Trading System)이나 웹트레이딩시스템(WTS, Web Trading System)을 이용해 누구 나 쉽게 매매가 가능하고, PDA, 휴대폰, 전용단말기 등을 이용하면 장소에 제약을 받지 않고 편리하게 매매를 할 수 있다. 단, 주식을 살 때와 팔 때 부과되는 거래 수수료는 보통 HTS, WTS 〉 PDA, 휴대폰, 전용단말기 〉 ARS 순으로 저렴하지만 증권사마다 약간의 차이는 있다.

주식투자에서 수익이 발생하는 경우는 크게 두 가지 경우이다. '산 가격보다 높은 가격에 팔아서 이익을 남기는 경우'와 '투자한 회사가 수익금을 주주에게 돌려주는 경우'이다. 앞에 것은 매매차익(賣買差益)이고 뒤에 것이 이익배당금이다. 하지만 손실이 발생하는 경우는 '산 가격보다 낮은 가격에 팔 경우'가 대부분이다.

주 식 매 매 방 법 과 수 익 발 생 구 조 

HTS와 WTS

HTS는 윈도우 운영체계에서 작동 가능한 증권거래 응용 프로그램이고 WTS는 웹을 기반으로 만든 프로그램으로 윈도우뿐만 아니라 맥이나 리눅스 운영체계에서도 사용 가능하다. 다만 프로그램 언어 특성상 HTS가 WTS보다 다양한 화면과 기능을 제공해 주고 처리 속도도 빠른 편이다.

한국거래소(KRX)

한국거래소는 자본시장과 금융투자업에 관한 법률 제373조에 의거하여 증권거래소, 선물거래소, 코스닥위원회, (주)코스닥증권시장 등, 기존 4개 기관이 한국거래소로 통합되어 2005년 1월 27일 설립되었으며, 증권 및 장내 파생상품의 공정한 가격 형성과 그 매매, 그 밖의 거래의 안정성 및 효율성을 도모하기 위해 설립되었다.

MTS(Mobile Trading System)

PC가 아닌 스마트폰 등의 모바일 기기를 이용하는 주식거래 시스템으로 시간과 장소에 구애받지 않아 편리하긴 하지만 제한된 정보로 분석에 한계가 있으므로 급할 때 사용하는 '비상용' 정도로 활용하는 게 좋다. 증권사 홈페이지, App Store(아이폰), Play Store(안드로이드폰) 등에서 어플리케이션을 다운받을 수 있다. 참고로 공인인증서는 PC로 발급받은 것을 스마트폰에 복사해서 사용하면 된다.

거래 수수료와 세금

주식은 살 때(매수)는 수수료가 부과되고 팔 때(매도)는 수수료와 세금(증권거래세) 0.3%가 징수된다. 수수료는 증권사마다 차이가 있지만 보통 0.015% ~ 0.498% 등으로 다양하다.

예를 들어 수수료 0.015%인 증권사를 통해 10,000원에 10주를 매수한 후 12,000에 10주를 매도했을 경우 계좌에 입금될 금액을 계산해 보면 아래와 같다.

구분	내용	계산식	값
매수시	매수수수료	10,000원 x 10주 x 0.00015	15원
매도시	매도수수료	12,000원 x 10주 x 0.00015	18원
	증권거래세(세금)	12,000원 x 10주 x 0.003	360원
합　계			**393원**

따라서 계좌에 12,000원 주식 10주는 판 돈인 120,000원이 입금되는 것이 아니라 수수료와 세금 393원을 제한 119,607원이 입금된다.

주식시장의 안정을 위해 도입한 제도 

상한가와 하한가 제도 (가격변동제한폭 제도)

국내 증시는 하루에 오르고 내릴 수 있는 주식가격의 등락폭이 제한되어 있다. 그 제한폭은 전일 종가 기준으로 최저 −15%에서 최고 15% 사이이다. 최저 −15%까지 떨어진 주가를 '하한가'라 하고 최고 15%까지 오른 주가를 '상한가'라고 한다. 이는 급격한 가격 하락이나 상승으로 인해 선의의 투자자 피해를 최소화하여 주식시장의 안전을 유지할 수는 있으나 주가를 신속하게 반영하기 힘들다는 단점도 있다. 참고로 미국, 영국, 독일, 홍콩, 싱가포르 등에서는 실시하지 않는 제도이다.

사이드 카 (Side Car)

지수선물 가격이 전일 종가 대비 5% 이상 (코스닥50 선물의 경우 6% 이상) 상승 또는 하락한 상태가 1분간 지속될 때 프로그램 매매를 5분간 중단시키는 프로그램 매매 호가관리제도이다. 사이드 카가 발동되면 주식시장의 프로그램 매매 호가가 5분 동안 효력 정지된다. 이는 선물시장의 급격한 변화가 현물시장에 주는 충격을 최소화하기 위해 실시하는 것이다. 1일 중 1회에 한해 발동되며 14시 20분 이후에는 발동되지 않는다.

서킷브레이커 (Circuit Breakers)

주가가 폭락하는 경우 거래를 일시 정지시켜 시장을 안정시키는 제도로 종합주가지수가 전일 종가 대비 10% 이상 하락이 1분 이상 지속될 경우 모든 주식의 매매거래를 30분간 정지시킨다. 사이드카와 마찬가지로 주식시장에서 서킷브레이커는 1일 중 1회에 한해 발동되며 14시 20분 이후에는 발동되지 않는다.

서킷브레이커가 발동되는 30분 중에 처음 20분 동안은 호가접수 및 매매거래가 중단되고, 나머지 10분 동안은 호가를 접수해 단일가격으로 처리한다. 30분 후 매매가 재개됐을 때 이 단일가격이 매매 기준가격이 된다. 주식시장에서 서킷브레이커가 발동되면, 선물·옵션시장에서도 30분간 거래가 자동 정지된다.

주식(현물)시장에서 서킷브레이커는 개장 5분 후부터 오후 2시 20분까지 하루에 한 번만 발동할 수 있다. 따라서 오후 2시 20분 이후에는 주가가 아무리 폭락해도 발동할 수 없다.

03

직접투자와 간접투자

>>>>>>>>>>> 주변에서 가장 많이 듣는 재테크 상품은 간접투자를 대표하는 펀드와 직접투자를 대표하는 주식이다. 이 둘을 살펴보고 내게 맞는 투자 방식을 찾아보자.

펀드와 주식

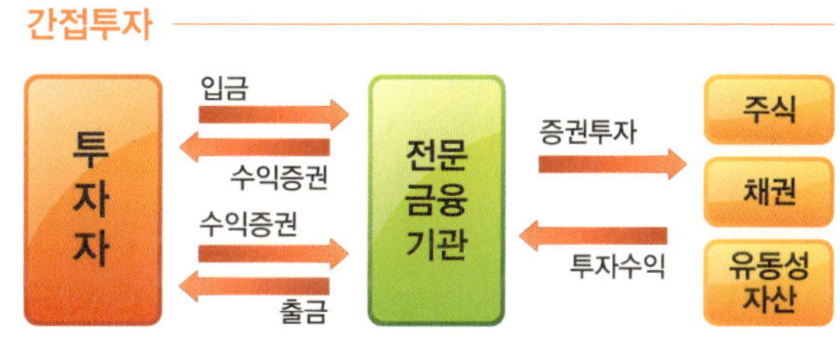

>>> 자신의 판단 하에 직접 증권시장에서 주식이나 채권을 직접 매매한다.

>>> 투자금을 전문투자기관에 맡기면 운용전문가가 대신 투자금을 운용해 준다.

시간과 투자 노하우가 부족한 일반투자자들이 투자금을 투자신탁운영회사나 증권사 등의 전문금융기간에 맡기면 대규모의 기금(fund)이 만들어지게 된다. 이 기금을 펀드매니저라는 투자전문가가 운용하도록 하여 손익을 투자자에게 돌려주는 방식이다. 이처럼 펀드는 펀드매니저가 일반투자자를 대신해 투자를 운용해 주는 간접투자의 대표상품이다. 주로 펀드의 투자 대상은 주식, 채권, 유동자산, 파생상품 등으로 다양하다.

이와 반대로 주식은 채권과 더불어 대표적인 직접투자 방식이다. 펀드와 주식 중 어느 것이 더 좋은가는 평가하기가 모호하다. 다만, 투자 실력이 뛰어나고 시간적 여유가 있는 개인이라면 당연히 주식에 비중을 크게 두어야 하고 그렇지 않은 개인이라면 펀드 등의 간접상품의 비중을 크게 두는 식의 분산투자를 하는 것이 최선의 선택이다.

펀드의 유형과 특징

펀드투자는 전문가가 투자자의 자산을 대신 운용해 주는 대표적인 간접투자이긴 하나 그 종류만 6,000개 이상으로 선택이 쉽지 않다. 따라서 투자 대상에 대한 지식과 시장의 흐름을 알고 있어야 좋은 상품을 선택할 수 있고 그만큼 좋은 성과를 기대할 수 있다. 펀드는 투자 대상에 따라 다음과 같이 분류할 수 있다.

MMF (Money Market Fund)

콜론(call loan), CD(양도성예금증서), CP(기업어음) 등과 같은 단기금융상품에 60% 이상을 투자한 다음 발생한 이익을 투자자에게 돌려주는 초단기 채권형 펀드이다.

채권형 펀드

국공채, 회사채 등의 채권에 60% 이상 투자하도록 설계되어 있는 펀드이다. 주식 관련 상품에 투자하지 않아 위험은 적지만 그만큼 수익률은 낮은 편이다.

주식형 펀드

주식 및 주식 관련 파생상품에 60% 이상을 투자하는 펀드이다. 변동성이 큰 주식에 투자하는 것이므로 큰 수익을 얻을 수 있지만 반면 큰 손실을 입을 위험도 높다.

혼합형 펀드

주로 채권에 투자하면서 일부 자금을 주식으로 투자하는 채권혼합형 펀드와 주로 주식에 투자하면서 일부 자금을 채권에 투자하는 주식혼합형 펀드가 있다. 주식형 펀드의 고위험성을 줄이면서 채권형 펀드의 안정적인 수익을 동시에 실현할 수 있다는 장점이 있다.

이외에 파생상품펀드(선물, 옵션 등 파생상품에 10% 이상 투자), 부동산펀드(부동산에 투자), 실물펀드(금, 석유, 선박 등의 실물자산에 투자), 특별자산펀드(수익권 및 출자지분에 투자), 재간접펀드(다른 펀드에 투자), 인덱스펀드(KOSPI200에 편입된 종목에 동일한 비중으로 투자), ELS펀드(운용자산의 이자나 원금의 일부를 지수선물 · 옵션, 개별 종목과 같은 주가 연계증권에 투자) 등이 있다.

직 접 투 자 와 　 간 접 투 자

▸ 콜론(call loan)

금융기관에 거대 자금을 90일 이내의 단기로 대여하거나 차입하는 시장을 콜시장이라 하고 빌려준 사람 입장에서 이 콜자금을 콜론(call loan)이라 한다. 빌려 쓴 사람 쪽에서는 콜머니(call money)라고 부른다.

▸ CD(양도성예금증서)

은행이 정기예금에 대하여 발행하는 무기명의 예금증서로 예금자는 이를 금융시장에서 자유로이 매매할 수 있다.

▸ 채권(債券, bond)

정부, 공공단체, 주식회사 등이 일반투자자로부터 거대 자금을 일시에 조달받기 위해 투자자에게 발행하는 차용증서이다. 주식과 달리 상환기한이 정해져 있고 이자가 확정되어 있는 유가증권이다.

펀드 상품 비교하기

[네이버] 〉 금융 〉 펀드 〉 펀드파인더]

　네이버의 펀드파인더 기능을 이용하면 펀드 유형, 테마, 운용사, 금액, 수수료 등 다양한 조건으로 검색이 가능하고 기간별 수익률 및 신상품순 등으로 살펴볼 수 있다.

>>> 펀드상품 비교하기 (출처 : 네이버 증권)

04

종합주가지수

>>>>>>>>>>> 주식시장의 전체 흐름을 파악할 수 있는 종합주가지수는 TV뉴스와 신문에서 "오늘 코스피지수가 얼마였다"라는 식으로 흔히 접하게 된다. 본 장에서는 종합주가지수가 무엇이고 어떻게 만들어지는지, 그리고 해외에는 어떤 지수가 있는지를 살펴보자.

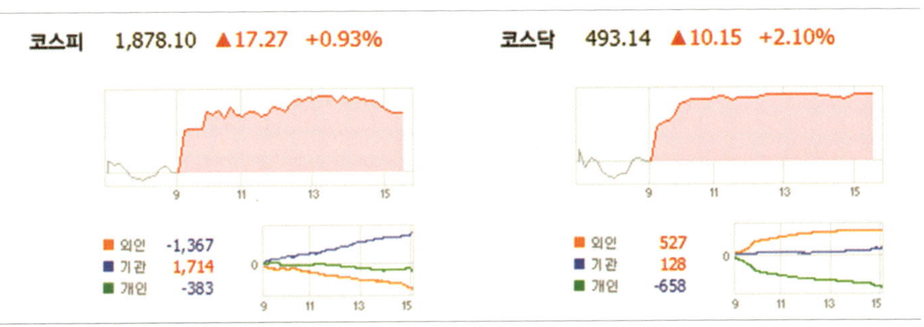

>>> 국내를 대표하는 주가지수인 코스피와 코스닥 (제공 : 팍스넷)

종합주가지수(KOSIPI)

종합주가지수는 주식의 전반적인 동향을 가장 잘 나타내는 대표적인 지수이다. 이는 증권시장에 상장된 전 종목(코스닥 제외)을 대상으로 하며, 산출 방법은 1980년 1월 4일을 기준 시점으로 하여 이날의 종합주가지수를 100으로 정하고, 기준 시점의 시가총액과 비교 시점의 시가총액을 대비하여 산출한다.

종합주가지수 = [비교 시점의 시가총액 / 기준 시점의 시가총액] × 100

코스닥종합지수(KOSDAC)

코스닥종합지수는 코스닥 시장에 상장된 전 종목을 대상으로 산출된다. 1996년 7월 1일을 기준 시점으로 하여 이날의 지수를 1,000으로 정하고, 기준 시점의 시가총액과 비교 시점의 시가총액을 대비하여 산출한다.

코스닥종합지수 = [비교 시점의 시가총액 / 기준 시점의 시가총액] × 1000

코스피200지수(KOSPI200)

코스피200지수는 국내를 대표하는 주식 200개 종목의 시가총액을 지수화한 것으로, 1990년 1월 3일 기준으로 시가총액을 100으로 하여 만들어진 지수이다. 200개 종목은 시장 대표성, 유동성, 업종 대표성을 고려하여 선정하며, 현재 주가지수선물 · 옵션시장의 기준 지수로도 사용되고 있다. 코스피200은 비록 상장종목 수는 200개지만 전 종목 시가총액의 85%를 차지하여 종합주가지수와 거의 동일하게 움직이는 특성이 있다.

종   합   주   가   지   수

▶ 시가총액

상장된 모든 주식을 시가로 평가한 금액을 합한 총액으로 주식시장이 어느 정도의 규모를 가지고 있는가를 나타내는 지표이다.

▶ KRX100

코스피 시장과 코스닥 시장의 우량 종목을 고루 편입한 한국의 통합 주가지수로 26개 산업 분야에서 기업규모, 유동성, 수익성, 안정성, 건전성 등의 기준으로 총 100개의 종목이 매년 선정된다. 가장 큰 특징은 시가총액 비중상한을 15% 이내로 제한하여 특정 종목에 의해 지수가 좌우되는 경향을 배제한 점이다.

해외의 주가지수

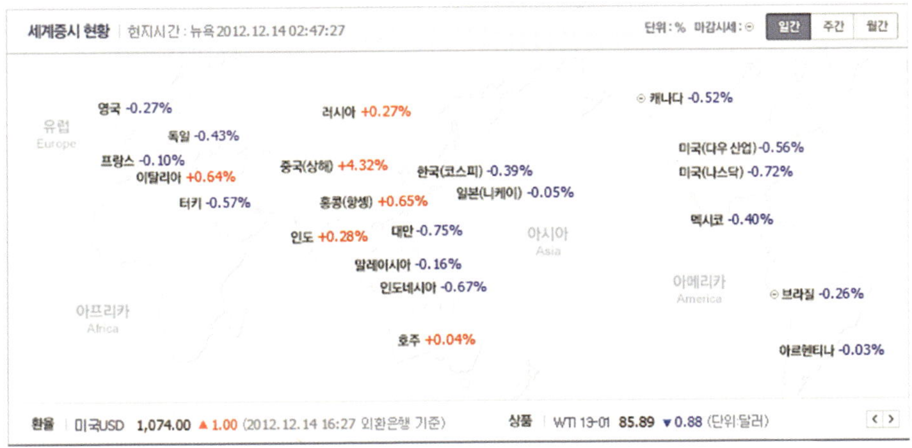

>>> 세계 각국의 주가지수 (출처 : 네이버 증권)

1) 다우존스지수
(Dow Jones industrial average)

미국의 다우존스(Dow Jones)사가 뉴욕증권시장에 상장된 우량기업 30개 종목을 표본으로 하여 시장가격을 평균 산출하는 세계적인 주가지수이다.

2) 나스닥
(NASDAQ, National Association of Securities Dealers Automated Quotations)

벤처·중소기업들의 주식을 장외에서 거래하는 나스닥 시장의 종합주가지수로 기준일 시가총액을 100으로 하는 주가지수이다.

3) S&P500
(Standard & Poor's 500 index)

미국의 스탠더드 앤드 푸어사가 기업규모·유동성·산업 대표성을 감안하여 선정한 보통주 500종목을 대상으로 작성해 발표하는 주가지수이다.

4) 니케이지수

(Nikkei 225)

도쿄증권거래소의 225개의 대표종목의 주가를 단순 평균하여 발표하는 주가지수이다.

5) 항셍주가지수

(Hang Seng stock price index)

홍콩상하이은행(HSBC)의 자회사인 항셍은행이 홍콩증권거래소(HKSE)에 상장된 종목 가운데 상위 33개 우량종목을 대상으로 산출하는 주가지수이다.

이 밖에 중국 상해종합지수, 대만 가권지수, 싱가폴 스트레이츠타임스지수, 영국 FTSE100지수, 독일 DAX30지수, 프랑스 CAC40지수 등이 세계를 대표하는 지수들이다.

05 경제지표로 주식투자 시기 가늠하기

 주식은 자본주의 시장의 꽃이라 표현될 만큼 경제의 축소판이다. 따라서 경제(지표)와 주가는 서로 많은 영향을 주고받게 된다. 본 장에서는 이 둘의 관계를 살펴보고 언제 주식투자를 해야 하는지를 알아보자.

주식투자는 투자 시기가 매우 중요하다. 대부분의 주식이 상승하는 시기라면 투자수익을 내기가 쉬운 반면 대부분의 주식이 하락하는 시기라면 투자수익을 내기가 힘들다. 따라서 대부분의 주식이 상승하는 시기에 단-중기투자를 하거나 하락장 마지막 시기에 저점 매수를 통한 장기투자를 하는 것이 좋다.

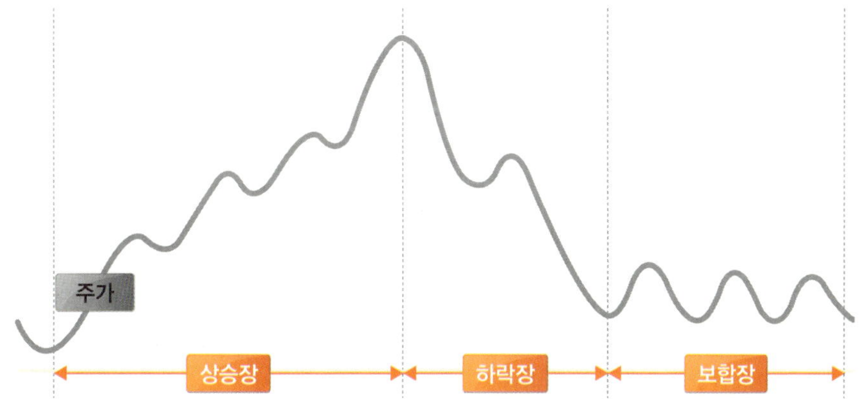

>>> 보통 주식시장은 주가의 흐름에 따라 강세장, 약세장, 보합장으로 구분한다.
강세장은 주가의 대세 상승기, 약세장은 대세 하락기, 보합장은 상승과 내림을 반복하는 장을 말한다.

그렇다면 '주식이 상승/하락/보합하는 시기'를 어떻게 예측할 수 있을까?

국내외 경기 변동, 경제성장률, 통화량, 금리, 물가, 정치사회 현상 등의 다양한 경제현상은 주가 흐름에 큰 영향을 준다. 이는 곧 경제현상을 보면 주가의 흐름을 예측할 수 있다는 것을 의미한다. 그래서 주식을 경제의 축소판, 자본주의의 꽃이라고 표현하는 것이다.

먼저, 여기에서는 주요 경제지표와 주가와의 관계를 살펴보고 다음 장에서 다우의 추세이론과 장세분석을 중심으로 판세를 판단하는 방법을 배워보자.

경제성장률과 주가는 동행하는 경향이 강하다.

경제성장률은 일정 기간 동안 국민경제(투자 · 산출량 · 국민소득)의 규모가 확대되는 속도를 나타내는 지표이다. 경제성장률과 주가는 중–장기적으로 동행하는 경향이 있다. 하지만 이는 똑같은 비율로 증감하는 관계는 아니다. 경제성장률은 국내외 경제연구소 및 외국계 신용평가기관이 발표하고 4/4분기에 내년 전망치를 내놓는다.

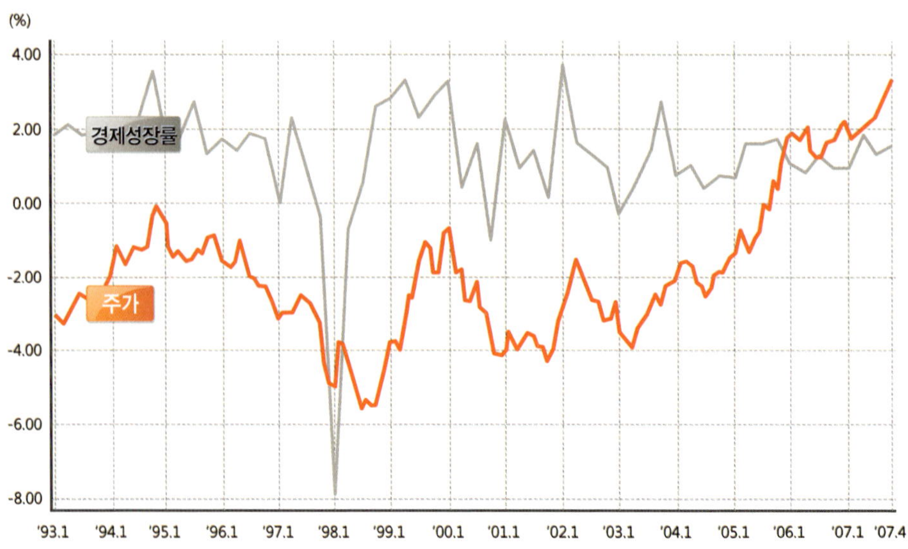

>>> 전 분기와 대비한 경제성장률이 주가와 동행하는 경향이 있다.

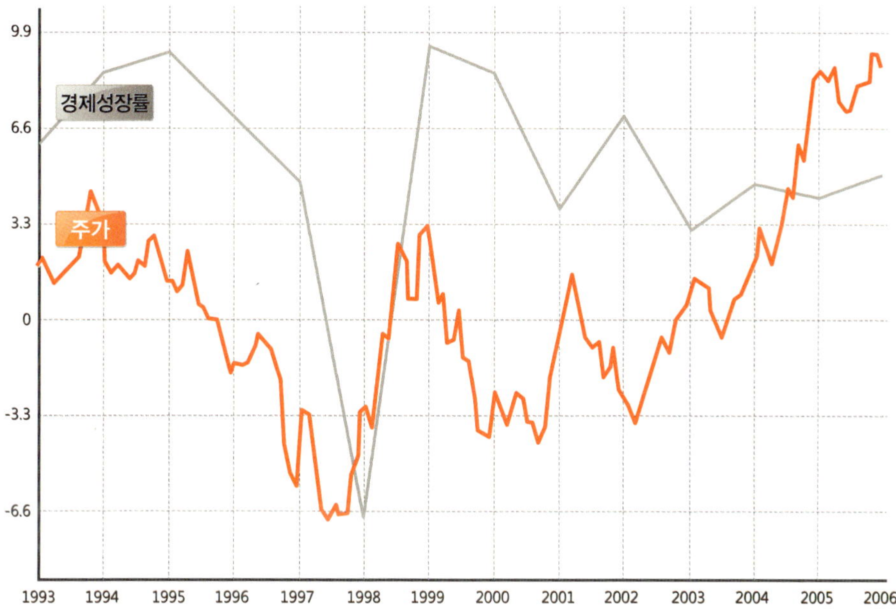

>>> 단순 경제성장률은 주가의 후행지표인 경우가 많다. 예를 들면 주가가 상승하면 6개월 후에 경제성장률도 증가하는 양성을 띠게 된다.

경 제 지 표 로   주 식 투 자   시 기   가 늠 하 기 

▼ 실질성장률

경제성장률은 국민총생산(GNP)의 연간 신장률이다. 이때 국민총생산의 크기를 단순 시가로 표시하는 경우를 명목성장률이라고 하고 국민총생산을 물가상승분을 제한 즉, 실물 표시로 할 경우를 실질성장률이라고 한다. 따라서 〈실질성장률 = 명목성장률 − 물가상승률〉이 된다. 예를 들어 명목성장률이 5%, 물가상승률이 3%라면 실질성장률이 2%가 된다.

경기선행지수 증가세는 주가의 상승을 예고한다.

경기선행지수는 경기 동향을 반영하는 지표들의 변화를 통해 앞으로의 경기를 예측하는 지수이다. 보통 6~7개월 후의 경기를 예측한다. 경기선행지수의 증가세는 앞으로의 주식시장의 상승을 예고하고 반대로 경기선행지수가 하락세는 주식시장의 하락을 예고한다.

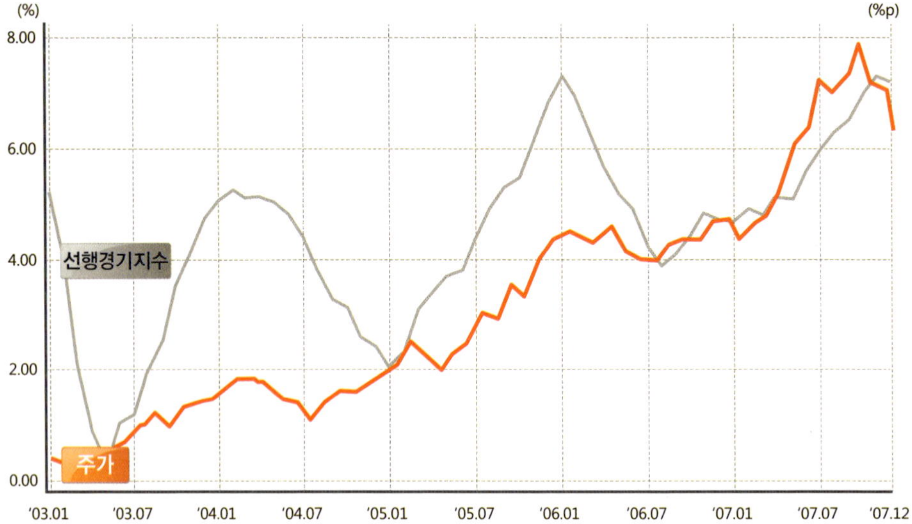

››› 선행경기지수가 상승한 다음 6개월 후 주가의 변화를 살펴보면 주가가 상승하는 경우가 많다. 보통 경기선행지수가 저점을 찍고 턴을 할 때가 주식에서 저점 매수시기로 판단한다.

경 제 지 표 로 주 식 투 자 시 기 가 늠 하 기

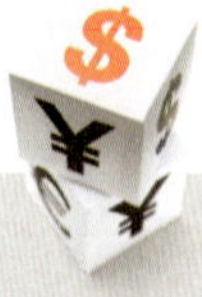

경기선행지수 구성지표

경기선행지수는 10가지 구성지표의 움직임을 종합해 작성한다. 건축허가면적, 기계수주액, 건설용 중간재 생산지수, 수출신용장 내도액, 수입승인액, 총유동성(M3), 예금은행대출금, 제조업 재고율지수, 중간재 출하지수, 구인구직비율 등이다. 참고로 경기선행지수가 100 이상이면 경기 팽창, 그 이하면 하강을 뜻하며 100 이하에서 높아지면 경기 침체에서 회복하는 것을 의미한다.

경기동행지수는 주가와 동행하는 경향이 있다.

경기동행지수는 현재의 경기상황을 파악하는 데 사용되는 경기종합지수 지표이다. 주가와 동행하는 경향이 있다.

금리와 주가는 역행하는 경향이 있다.

금리와 주가는 반대로 움직인다는 것이 정설이다. 금리가 하락하면 기업 입장에서 이자를 덜 내므로 기업 수익이 증가하게 되고 일반투자자는 예금이자가 낮아지므로 은행에 돈을 넣어두기보다는 투자 대체 상품으로 주식을 선택하기 때문에 주가는 상승하게 된다. 하지만 자금이 주식이 아닌 다른 투자 대체 상품인 부동산으로 몰린다면 주가는 오히려 하락하게 된다. 금리가 상승하면 그 반대의 현상이 일어나 주가는 떨어진다.

경 제 지 표 로   주 식 투 자   시 기   가 늠 하 기

▸ 회사채

주식회사가 일반 대중에게 자금을 모집하기 위해 발행하는 채권, 즉 돈을 언제까지 갚겠다는 차용증서이다. 이 회사채 수익률이 상승하면 기업들의 차입금 이자 부담이 늘어나 수익성이 떨어지게 되고 수익률이 높아진 회사채로 인해 시중 여유자금이 증시에서 채권시장으로 이동하게 되어 주가하락의 요인이 된다. 따라서 회사채 수익률은 금리와 마찬가지로 주가와 역행하는 경향을 띠게 된다.

환율은 주가와 동행하기도 역행하기도 한다.

환율의 변동은 수출과 수입뿐만 아니라 해외자금의 유입과 유출에도 영향을 주게 된다. 환율이 상승하면 수출은 증가하고 수입이 감소되어 경상수지가 좋아지지만 외국자본의 유입은 줄어들게 된다. 주식시장 입장에서 보면 경상수지가 개선된 것은 호재지만 외국자본이 줄어든 것은 악재가 된다. 반대로 환율이 하락하면 경상수지는 악화는 주식시장에 악재지만 외국자본의 유입은 증가하므로 호재로 작용하게 된다. 이처럼 환율변동은 주식시장에 악재와 호재를 동시에 가져온다. 중요한 판단 기준은 경상수지 개선과 외국자본 중 어느 것이 주식시장에 더 큰 영향을 주느냐이다. 또 중장기적으로 완만하게 환율이 하락할 때가 주식상승에 큰 힘이 된다.

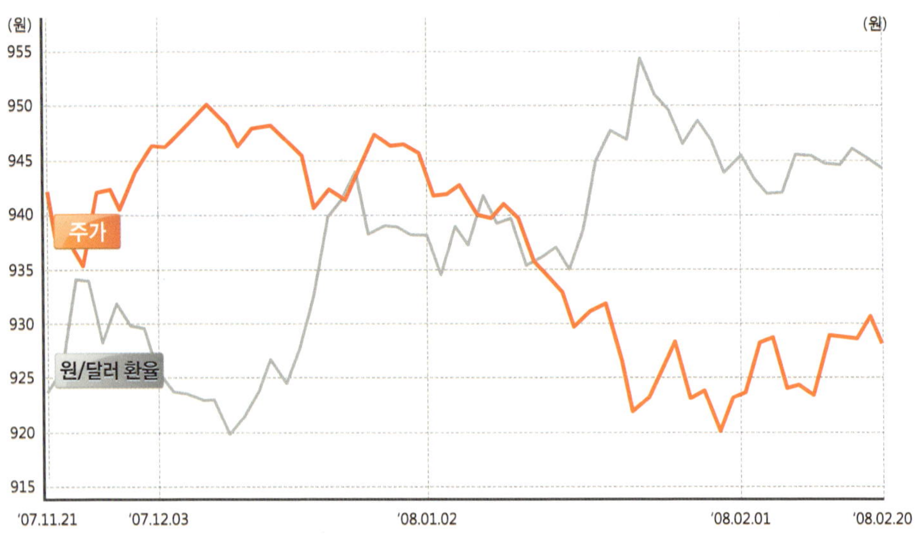

주가에 영향을 주는 기타 경제요인과 지표

경제요인	동향	예상주가
통화량	증가 : 금리하락 → 부동자금 증가 감소 : 금리상승 → 부동자금 감소	주가상승 주가하락
경상수지	흑자 : 해외자금 유입, 기업실적 호전 적자 : 해외자금 유출, 기업실적 악화	주가상승 주가하락
국제유가	상승 : 경상수지 악화, 기업실적 악화 하락 : 경상수지 호전, 기업실적 호전	주가하락 주가상승
통화량	증가 : 금리인하 → 기업자금 유입 감소 : 금리인상 → 기업자금 압박	주가상승 주가하락
부동산경기	호조 : 부동자금 주식시장 이탈 악화 : 부동자금 주식시장 유입	주가하락 주가상승
경기부양책	도입초기 : 통화량 증가 말기 : 인플레이션	주가상승 주가하락
미국증시	상승 하락	주가상승 주가하락
미국금리	상승 : 미국증시하락, 외국자본 국내유출 하락 : 미국증시상승, 외국자본 국내유입	주가하락 주가상승

환율이 상승하면 왜 수출이 증가할까?

　예를 들어 1달러에 900원이던 환율이 1,000원으로 상승(환율상승 = 원화가치하락 = 원화약세 = 원화평가절하)하게 되면 외국 무역상 입장에서는 과거 1달러로 900원어치 물건을 살 수 있었는데, 이제 1,000원어치 살 수 있게 되었으니 한국 물건을 많이 사게 된다. 당연히 수출이 증가하게 된다.

　반대로 국내 수입 업체들은 과거 900원으로 1달러어치 수입했는데 이제 1,000원으로 1달러어치밖에 수입을 못 하므로 수입을 꺼리게 된다. 개별 기업 입장에서 보면 환율이 상승하면 수출 비중이 높은 기업과 외화자산을 많이 보유한 기업에게는 좋지만 수입 비중이 높은 기업과 외화부채를 많이 보유한 기업에게는 불리하다.

06 주식시장 흐름 분석하기

>>>>>>>>>> 주식시장은 경제동향과 주가의 흐름에 따라 강세장, 약세장, 보합장으로 나누기도 하고 경기사이클과 시장 특성에 따라 금융장세, 실적장세, 역금융장세, 역실적장세로 나누기도 한다. 이 장에서는 이러한 다양한 장의 특징을 살펴보기로 하자.

다우의 추세이론

주가의 추이를 판단하는 분석법 중 가장 널리 사용되는 것이 다우의 추세이론이다. 이는 전반적인 경제동향 분석뿐만 아니라 저점과 고점을 이용한 추세 분석을 통해 현재 주식시장이 강세장인지 약세장인지를 파악하는 것이다.

경제동향으로 분류한 6가지 시장상황 분석

먼저, 경제 및 투자자들이 어떠한 행태로 움직이는지를 파악하여 현재 주식시장의 형국을 판단하는 것이다. 이에 대해 다우는 시장을 크게 강세장과 약세장으로 나누고 각각 세 가지 국면으로 분류하였다.

강세장 : 매집국면, 마크업국면, 과열국면

약세장 : 분산국면, 공황국면, 침체국면

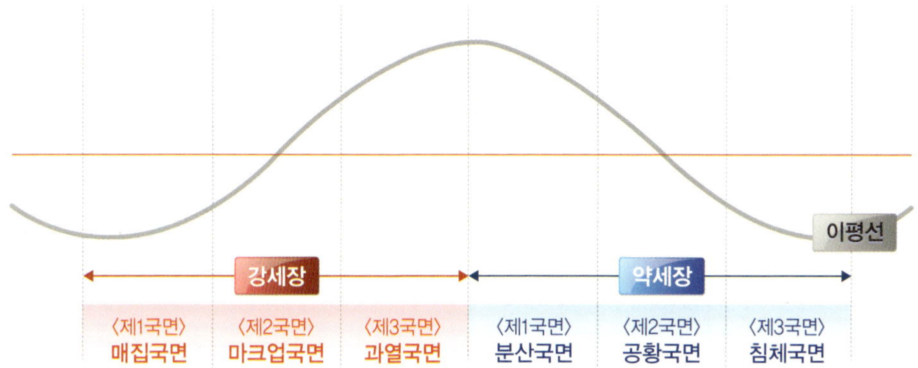

아래 표를 보고 현재 시장상황과 맞는지를 □ 박스에 체크해 보자. 예를 들어 경제성장률 지표가 증가추세의 시작 부분에 있다면 '강세장 〈 마크업국면 〈 경제성장률 증가추세 도입부' 항목에 체크를 한다. 이런 식으로 경제동향과 투자자 동향을 항목을 체크하다 보면 현재 주식시장이 어떤 상황에 놓여 있는지를 파악할 수 있다.

구분	경제동향	투자자 동향
강세시장 제1국면 매집국면	▶ 경제 및 기업에 대한 전망이 어둡다… □ ▶ 매스컴에 어두운 경제기사가 넘친다… □	▶ 일반투자자 투자심리가 위축된 상태로 약세장의 오랜 기간 동안 하락을 견디지 못한 실망매물을 내놓는다. ▶ 전문투자자 일반인의 실망매물을 사들여 중–장기 추세 수익을 노린다. 따라서 주가의 단기 반등 시 거래량이 점증적으로 증가한다.
강세시장 제2국면 마크업국면	▶ 전반적 경제 여건이 좋아지고 기업의 수익도 증가하면서 주가는 상승한다… □ ▶ 호재에 급등하고 악재에는 큰 반응을 보이지 않는다… □	▶ 일반투자자 관심이 집중되고 자금이 주식시장에 대거 유입되어 거래도 활발해져 주가가 상승한다. ▶ 기술적 분석의 적용이 가장 잘 되는 시기이다.
강세시장 제3국면 과열국면	▶ 경제와 기업 수익에 대한 통계수치가 호조를 보이며, 신주 발행도 급격히 증가한다… □ ▶ 매스컴에 증권시장에 대한 좋은 소식으로 넘쳐난다… □	▶ 일반투자자 주식시장에 적극적으로 뛰어들어 시장을 과열시킨다.

약세시장 제1국면 **분산국면**	▶ 호재에 반응이 없고 악재에 민감한 반응을 보인다… ☐ ▶ 해외뉴스가 하락의 결정타를 주는 경우가 많다… ☐	▶ 증권시장의 여건은 아직 호황을 누리지만 추세선의 상향 기울기가 둔화되기 시작한다. 높은 거래량은 유지되나 주가가 소폭하락 시 거래량이 늘어나는 형태도 보인다. ▶ 전문투자자 시장의 과열을 감지하고 이익을 실현한 후 시장을 빠져나간다.
약세시장 제2국면 **공황국면**	▶ 경제와 기업 수익에 대한 통계 수치가 나쁘게 나온다… ☐	▶ 일반투자자 매도하려는 마음이 조급해진다. 매수세는 위축을 받아 주가는 급락하고 거래량은 급격히 감소한다. ▶ 이후 긴 회복국면이나 보합상태가 나타나면서 약세시장이 지속된다.
약세시장 제3국면 **침체국면**	▶ 기업의 수익성이 악화되고 주가는 계속 하락한다는 기운이 주식시장 전반에 깔려 있는 상태이다… ☐	▶ 공황국면의 급락으로 주가는 일시적 회복을 반복하나 보유주식을 현금화하려는 매도세로 완만한 하락세가 지속된다. ▶ 일반투자자 공황국면에서 처분하지 못한 실망매물로 인한 투매현상이 나타난다.

주 식 시 장 흐 름 분 석 하 기 

▼ 찰스다우(Charles Dow)

미국의 월스트리트 저널을 창간한 편집자이자 다우지수를 만든 기술적 분석의 창시자이다. 그가 정립한 다우이론은 베너민 그레이엄의 가치투자, 필립피셔의 질적투자와 함께 현대 기술적 투자론의 뼈대를 이루는 이론이다.

▼ 실망매물

하락추세 중인 주가가 반등할 것이라 생각했지만 오히려 추가 하락을 보일 때 주가상승에 대한 기대를 버리고 매도하는 물량을 말하며, 대개 매도물량이 대량으로 발생하는 투매현상이 나타난다.

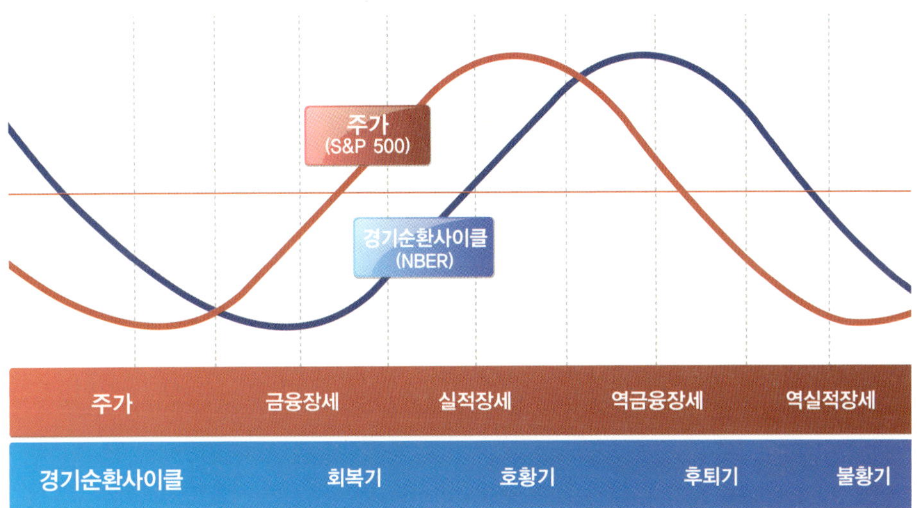

장세분석

경기는 상승과 하락을 추세적으로 반복, 즉 확장과 수축의 사이클을 그리면서 움직인다. 이는 일반적으로 회복기(Recovery)-호황기(Expansion)-후퇴기(Recession)-불황기(Contraction)의 사이클을 그리게 되고 주가는 이러한 경기를 보통 6~12개월 선행해서 나타나는 경우가 많다. 쉽게 말해 주가가 오른 다음 경기가 회복되고, 주가가 내린 다음 경기가 침체된다는 것이다. 예를 들어 주가가 바닥을 확인한 다음 수개월 후 경기가 바닥을 찍게 되면 '주가는 확실하게 바닥을 찍고 회복기에 접어들었다'는 것을 확인시켜주는 것을 의미한다. 뿐만 아니라 현재 장세를 파악하면 향후 다음 스텝을 준비를 할 수 있고 장세의 특성을 이용하면 상승이 예측되는 종목군을 선정할 수도 있다.

이처럼 경기의 전체적인 사이클을 이용하여 주가의 흐름을 확인하고 그 흐름과 시장 특성을 분석하면서 주식투자 시기와 종목을 결정하는 것을 장세분석이라고 한다.

1) 금융장세 / 회복기

[기업실적↓ / 금리↓↓ / 주가↑↑]

유동성 장세라고도 불리는 금융장세는 불황기임에도 불구하고 기업실적과 상관없이 주식을 사려는 매수세, 즉 '돈의 힘'으로 주가가 오르는 경우를 말한다.

경제동향을 살펴보면 정부의 금리인하, 재할인율 인하, 통화공급 확대 등의 조치가 단행되어 시중에 부동자금이 증가한다. 이러한 부동자금이 주식시장으로 몰려들면서 증시 예탁금이 증가하게 되고 주가가 단기간 큰 폭으로 상승한다.

투자자 동향을 살펴보면, 유통량이 풍부한 주식과 가격이 낮은 종목에 매수 주문이 몰리고, 금리에 민감한 은행, 증권, 건설, 토목, 부동산, 공공서비스, 전력, 가스, 항공 관련 종목이 주가상승을 선도한다. 부채비율이 높은 종목들이 저금리로 금융비용 부담이 줄어들게 되므로 강세를 보인다. 그리고 외국자본의 국내 주식시장 유입이 증가하고 큰 손들의 유입도 증가한다.

주 식 시 장   흐 름   분 석 하 기 

▌ 부동자금

확실한 투자처를 찾지 못한 자금으로 수시 입출금예금, 6개월 미만 정기예금/은행신탁, CD, MMF, RF, CMA, 증권사 고객예탁금 등을 묶어서 부르는 명칭이다. 즉, 일정한 자산으로 고정되어 있지 않고 투기적 이익을 얻기 위하여 시장에 유동하고 있는 대기성(standby) 자금이다.

2) 실적장세 / 호황기

[기업실적 ⬆⬆ / 금리 ⬆ / 주가 ⬆]

실적장세는 금융장세 이후 경기가 본격적으로 회복되기 시작하면 설비투자가 늘어나고, 기업 수익이 회복되어 흑자로 돌아서는 기업이 많아진다. 기업의 자금 수요가 증가해 금리는 서서히 오르고, 주식시장이 전반적으로 활기를 띠면서 수년간 호황이 계속되게 된다. 즉, 금융장세가 끝나고 주식시장이 전반적으로 활기를 띠는 장세를 말한다.

호황이 지속되고 물가도 비교적 안정세를 보이며, 금리상승률도 일정 수준을 유지한다. 또 호황의 장기화로 소비가 증가되며 이는 기업의 대형 설비투자로 연결되어 장세 초기에는 소재산업과 중대형 저가주가, 장세 후반에는 소재산업의 활황에 힘입어 가공산업 관련 기업 및 고가주가 장을 주도하게 된다.

금융장세는 경기가 회복되고 금리가 하락을 멈추면 끝나지만, 실적장세는 금리가 오름세로 돌아서도 기업실적이 금리상승률을 넘어서 있는 상황이므로 지속적인 금리상승은 계속된다. 금융장세에 비해 주가지수의 상승폭은 작지만, 산업군 전체가 전반적인 상승을 보인다.

3) 역금융장세 / 후퇴기

[기업실적 ⬆ / 금리 ⬆⬆ / 주가 ⬇⬇]

실적장세에서 본격적으로 경기가 호황국면에 들어서면 기업의 수익과 가계의 소비가 증가하고 기업은 이에 대응하기 위해 설비투자를 확대하게 된다. 이에 기업의 자금수요가 과다해지고 소비수요도 확대되면서 인플레이션이나 국제수지 불균형 등으로 연결되어 정부는 금융규제로 금융긴축에 나서게 된다. 이로 인해 금리는 오르고 통화량이 줄어들어 주식시장은 위축을 받게 된다. 따라서 주식시장의 자금이 수익률이 높아진 채권시장이나 투기현상을 보이는 부동산시장으로 유입된다. 금융장세가 시중의 풍부한 유동성으로 만들어지는 반면에 역금융장세는 시중의 자금부족으로 만들어진다.

이러한 주식시장의 자금이탈로 주가가 큰 폭으로 하락하게 되고 투자자의 이탈현상도 증가하게 된다. 하지만 경기에 민감한 중소형주들을 중심으로 단타성 매매가 증가하기도 한다.

[기업실적⬇⬇ / 금리⬇ / 주가⬇]

경기 후퇴기 이후 본격적인 불황기로 진입하면 경기에 민감한 산업군의 기업 수익이 악화되어 결국 큰 폭의 적자를 보게 된다. 따라서 부채비율이 높고 자본집약적인 산업군의 일부 기업들이 파산하게 되며 주식시장에서 투매현상이 나타난다.

이를 방어하기 위해 당국은 금리인하, 자금공급 확대, 증시활성화 방안 등의 경기부양책을 발표하지만, 큰 효과는 발휘하지 못한다. 이 시기에 주가하락폭이 큰 종목들은 부채비율이 높고 재무구조의 건전성이 떨어지는 기업이며, 업종으로는 경기에 민감한 종목과 증권 관련 종목들이다.

주 식 시 장 흐 름 분 석 하 기

▸ 금융긴축

자금의 수요가 공급을 초과하여 자금공급이 부족한 상태로 금융경색이라고도 한다. 금융완화에 반대되는 개념으로, 일반적으로는 금융당국에 의한 금융긴축정책을 말한다.

경기순환사이클과 주가 변화추이의 예

S&P500지수와 미국 경기순환사이클의 순환관계에서 장세에 따른 주도 종목의 산업 분야를 나타낸 표이다.

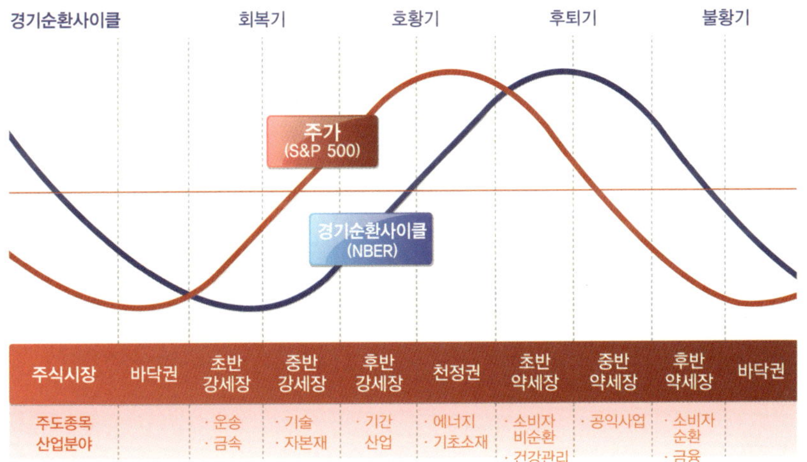

주식시장	바닥권	초반 강세장	중반 강세장	후반 강세장	천정권	초반 약세장	중반 약세장	후반 약세장	바닥권
주도종목 산업분야		·운송 ·금속	·기술 ·자본재	·기간 산업	·에너지 ·기초소재	·소비자 비순환 ·건강관리	·공익사업	·소비자 순환 ·금융	

>>> **기술** : 컴퓨터 · 소프트웨어, 측정/제어 설비, 컴퓨터, 전기소재

기초소재 : 귀금속, 화학공업, 제강, 비금속/금속 개발

자본재 : 가공생산, 기계/선박/철도/항공/국방 제조

소비자비순환 : 식량, 주류, 음료, 식품, 건강관리, 의료장비, 제약, 담배

공익사업 : 가스, 전기, 통신

소비자순환 : 의류, 자동차, 건설, 건축자재, 소비재, 인쇄/출판, 여가, 숙박, 식당, 소매, 고무/플라스틱, 직물, 대형할인매장

금융 : 은행, 보험, 부동산, 증권

투자의 귀재들에게서 배운다

랄프 웬저 (Ralph Wanger)
작지만 강한 기업의 명승부사

+ 작은 기업은 증권가에서 분석하지 않아, 작은 기업에선 다른 사람이 모르는 사실도 알 수 있다.

+ 틈새시장을 스스로 개척해 나가는 작지만 강한 기업을 찾아라.

+ 돈이란 헛된 기대에 부푼 도박꾼에서 나와 정확한 확률을 아는 사람에게로 흘러 들어간다.

+ 많은 사람들이 처음엔 원칙을 갖고 시작하지만 곧 그것을 포기해 버린다.

+ 저서 : A Zebra in Lion Country (작지만 강한 기업에 투자하라)

데이비드 드레먼 (David Dreman)
역발상 투자의 대가

+ 현재 시장에서 인기가 없는 건실한 소외주를 매입하라.

+ 우월한 실적 특성을 지닌 역발상 종목만 매입하라.

+ 분석가들은 늘 낙관적이다. 이들의 이익 예상치는 적당히 하향 조정하라.

+ 정치적 위기와 금융 위기는 투자자들의 주식 매도를 부채질한다. 위기에 매도하는 것은 분명히 잘못된 대응이다. 공황일수록 사야 하며 팔면 안 된다.

+ 대표 저서 : Contrarian investment strategy in the next generation (데이비드 드레먼의 역발상 투자)

가드너 형제 (David Gardner & Tom Gardner)
월가를 비웃는 모틀리 풀(Motley Fool)社

+ 대형주보다 탄탄한 소형주를 찾아라.

+ 이익이 지속적으로 늘면서 현금 많은 기업을 선택하라.

+ PER이 낮으면서 추정 성장률이 높은 기업이 최고다.

+ 펀드에 속지 마라. 대안은 비용 대비 적정 수익을 기대할 수 있는 인덱스 펀드이다.

+ 대표 저서 : The Motley Fool Million Dollar Portfolio (모틀리 풀 황제 투자비법)

존 네프 (John Neff)
'저 PER 투자'의 황제

+ 탄탄한 성장률을 보이면서 PER(주가수익비율)가 낮고 배당수익이 높은 종목을 공략하라.

+ 경험이 투자자의 기억에서 지속되는 기간은 지극히 짧다.

+ 투자는 복잡하지 않다. 투자자가 복잡하게 만들 뿐이다.

+ 내가 가진 주식을 자랑하고 싶을 때가 매도 타이밍이다.

+ 대표 저서 : John Neff on Investing (가치투자 주식황제 존 네프처럼 하라)

실전 감각
익히기

07

공돈으로 연습하는 모의투자

>>>>>>>>>>> 주식은 은행이자처럼 돈을 맡기고 가만히 앉아 있으면 불어나는 적금이 아니다. 위험 부담을 안고 기업에 투자하는 것이다. 초보자에게 수익을 낼 수 있는 기회보다는 손실을 볼 가능성이 높은 투자처이기도 하다. 따라서 실전에 들어가기 앞서 반드시 모의투자를 통해 충분한 투자의 감을 키워야 한다.

무료 사이버머니로 주식투자를 연습하자

주식은 치열한 경쟁 속에서 수익을 얻는 투자이지 은행에 돈을 넣어 놓고 매달 찾는 이자 서비스가 아니다. 대부분 주식으로 돈 좀 벌었다는 주변 사람들 말에 혹해서 이 험한 정글에 들어오는 경우가 많다. 그때는 이렇게 생각하자. "저 사람은 하늘이 도와줘서 정말 운 좋게 돈 좀 만졌다"라고 말이다. 그리고 당신은 지지리 운도 없는 사람이니 열심히 공부한 후 실력으로 투자를 시작하겠노라고 다짐해라. 그렇지 않으면 십중팔구 당신 계좌의 돈은 늑대의 손에 들어가게 된다. 그러니 투자 연습을 하자. 그 첫 번째 단계가 '모의투자'이다.

대부분의 증권사는 실제 주식거래와 유사하게 매매할 수 있는 가상의 매매시스템인 모의투자를 운영하고 있다. 모의투자 시세는 실제 시장의 실시간 시세를 이용하며, 거래일 또한 실제 주식 영업일(거래소 개장일) 기준이다. 매매시간은 실제 시장과 동일하게 적용하지만 정규장 시간매매만 가능하다. 즉, 가상의 무료 사이버머니를 이용할 뿐이지 모든 것은 실제 주식거래와 유사하다. 모의투자는 증권사 회원가입만 하면 누구나 무료로 이용 가능하다.

이처럼 공짜로 주식투자를 연습할 수 있는데 대부분의 초보 투자자들은 이 과정을 생략하고 실전에 들어간다. 큰 돈 잃어 가면서 정글에서 독학을 하고 있는 것이다. 당신도 그렇게 하고 싶은가? 다시 한 번 강조하건데 충분히 연습한 후, 충분히 공부한 후, 충분히 깨달은 후, 실전에 들어가야 한다.

모의투자와 실전의 차이점

실전투자에서는 매수(주식을 사는 것)/매도(주식을 파는 것) 주문이 체결되기 위해서는 각 호가(주식을 팔고 사려는 가격)마다 먼저 주문을 걸어 놓은 수량이 우선적으로 체결되고 난 다음 나의 차례가 왔을 때 주문이 체결되지만, 모의투자는 내가 주문한 가격에 주가가 올 경우 나보다 먼저 주문한 선주문이 수량이 있다고 할지라도 이와 상관없이 바로 일괄적으로 체결이 된다. 예를 들어 실전투자에서 718,000원에 100주를 매수하겠다고 주문을 넣었다 하더라도 기존에 먼저 매수를 하겠다고 주문을 넣었던 수량(매수잔량)이 있다면 그 잔량의 매매가 체결되고 난 다음 내가 주문한 100주가 처리된다. 매도도 마찬가지로 나보다 먼저 접수된 매도 주문을 처리하고 난 다음 내 매도 주문을 처리한다.

아래 그림은 종합적인 주문 상황을 알려주는 호가창이다. 맨 가운데 칸이 주문 호가이고 좌측이 매도 주문 현황, 우측이 매수 주문 현황을 나타낸다. 그리고 가운데 붉은색 박스가 현재의 주가(현재가)를 의미한다. ❶을 보면 718,000원에 사겠다는 매수 주문 수량이 719주이고 실시간으로 방금 막 106주가 주문 접수되었음을 의미한다. ❷를 보면 720,000원에 팔겠다는 매도 주문 수량이 1,510주이고 방금 막 9주가 매도 주문접수 되었음을 의미한다.

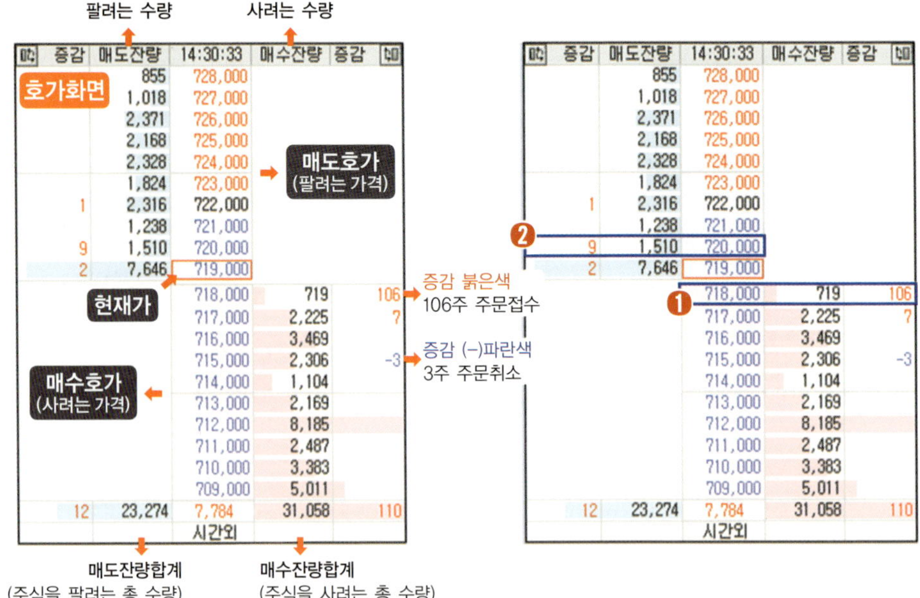

>>> 모의투자의 호가창이다. 모의투자는 실전투자의 호가창을 실시간 그대로 활용하고 있으므로 모의투자에서 매도나 매수 주문을 넣어도 호가창의 주문 수량에는 반영되지 않고 내가 주문한 가격에 현재가가 도달하면 일괄적으로 주문이 처리된다.

현재가가 내가 주문한 가격에 도달한 순간 조건 없이 매수하거나 매도할 수 있다면 얼마나 좋을까? 하지만 실전에서는 현재가가 주문한 가격에 도달했다 할지라도 상대방에서 매도를 해주지 않으면 살 수 없는 것이고, 상대방에서 매수를 해주지 않으면 팔 수 없는 것이다. 즉, 실전에서 내가 원하는 가격에 사거나 파는 게 그리 쉽지 않다.

주가는 매수세와 매도세의 치열한 공방전으로 올라가기도 하고 내려가기도 한다. 이를 대변해 주는 것이 호가창의 가격들과 주문 수량들이다. 모의투자를 통해선 이 호가창의 치열한 공방전을 경험할 수 없다. 따라서 실전에 들어가기 전에 이 호가창에 대한 공부를 충분히 해야 한다.

> **매도, 매수**
>
> 주식을 사는 것을 매수라 하고 반대로 파는 것을 매도라고 한다. 이때 사려고 하는 힘이나 기운을 매수세, 팔려고 하는 힘이나 기운을 매도세라고 한다.

모의투자는 진지하게 하라.

모의투자는 무료 사이버머니이기 때문에 모든 게 쉽다. 매수도 쉽게 하고 매도도 쉽게 한다. 하지만 우리는 연습을 통해 투자의 내공을 쌓기 위해 모의투자를 하고 있다는 사실을 잊지 말자. 그렇다고 어렵게 하라는 것은 아니다. 중요한 것은 내가 한 행위에 대해 명확한 이유가 있어야 한다. 모의투자의 가장 큰 목적은 바로 이러한 '이유 찾기'이기 때문이다. 그리고 그 이유들은 머릿속에서 스쳐 지나가 버리는 생각이 아닌 메모로 남겨 두어 두고두고 참조해야 한다.

1) 왜 매수를 했고 왜 매도를 했는가?
2) 왜 이익을 보았고 그 이유가 다른 상황에서도 지속적으로 적용되던가?
3) 왜 손실을 보았는가?

이래도 실전에 들어가겠는가?

"아무것도 모르는 나에게 어떤 종목을 사란 말인가?"

막막할 것이다. 그런데도 모의투자 며칠 하고 계좌를 개설하여 자랑스럽게 실전에 임한다. 잊지 마라. 당신은 아무것도 모르는 초짜라는 사실을. 모의투자에서 돈 좀 벌었다고 실전에 들어가면 그 돈 고스란히 말아먹는다. 주식은 왜 벌었는지가 중요한 게 아니다. 오히려 왜 돈을 잃었는지를 먼저 깨닫는 사람이 최후의 승자가 될 수 있다. 그 깨달음을 무료로 얻을 수 있는 방법이 있는데 하지 않는 이유가 뭐란 말인가? 모의투자, 열심히, 충분히 하자. 깨달은 후 실전에 들어가도 늦지 않으니 말이다.

08 홈트레이딩시스템(HTS) 정복하기

>>>>>>>>>>> 주식매매를 하는데 있어 가장 널리 사용되고 있는 홈트레이딩시스템은 단순히 주식을 사고파는 기능만 있는 것이 아니라 수많은 정보와 분석도구들을 제공하고 있다. 여기에서는 HTS의 주요 기능인 차트와 주문창에 대해 살펴보도록 하자.

홈트레이딩시스템(HTS, Home Trading System)은 증권회사에 가거나 전화를 이용하지 않고도 가정이나 직장에서 컴퓨터를 이용해 주식매매 주문, 은행이체, 청약업무 등을 할 수 있는 시스템이다. 쉽게 말해 인터넷으로 주식거래를 할 수 있게 만들어 놓은 프로그램이다.

뿐만 아니라 HTS는 투자분석과 관련한 엄청난 데이터들과 분석도구들을 탑재하고 있다. 따라서 HTS를 사용하는 법을 익히는 것은 매우 중요하다. 많은 초보 투자자들이 HTS를 단순히 주식을 거래하는 프로그램 정도로 활용하지만 사실 그 안에는 기본적 분석을 위한 다양한 정보와 기술적 분석을 위한 다양한 분석 프로그램을 제공해 주고 있다.

초보 투자자들은 HTS를 여는 순간 위, 아래, 좌우에 깔린 수많은 메뉴를 보고 기겁을 한다. 하지만 기죽을 필요 없다. 증권사 홈페이지에서 제공하는 HTS와 관련한 온라인

강의를 듣고 하나하나 따라하다 보면 쉽게 배울 수 있다. 그리고 익히다가 잘 모르는 부분이 있으면 증권사 콜센터로 전화하라. 친절하게 해결해 준다.

HTS 들어가기

HTS는 증권사 홈페이지에 가면 누구나 다운로드하여 자신의 컴퓨터에 설치할 수 있다. 그럼, HTS를 이용하여 모의투자를 어떻게 시작하는지 살펴보자.

위 도표처럼 먼저, 증권사 홈페이지 들어가 회원가입을 하고 난 후, 모의투자 페이지에 들어가 신청을 하면 가상의 계좌를 개설해 준다. 그리고 트레이딩시스템인 HTS를 다운받아 설치한 후 실행하면 된다.

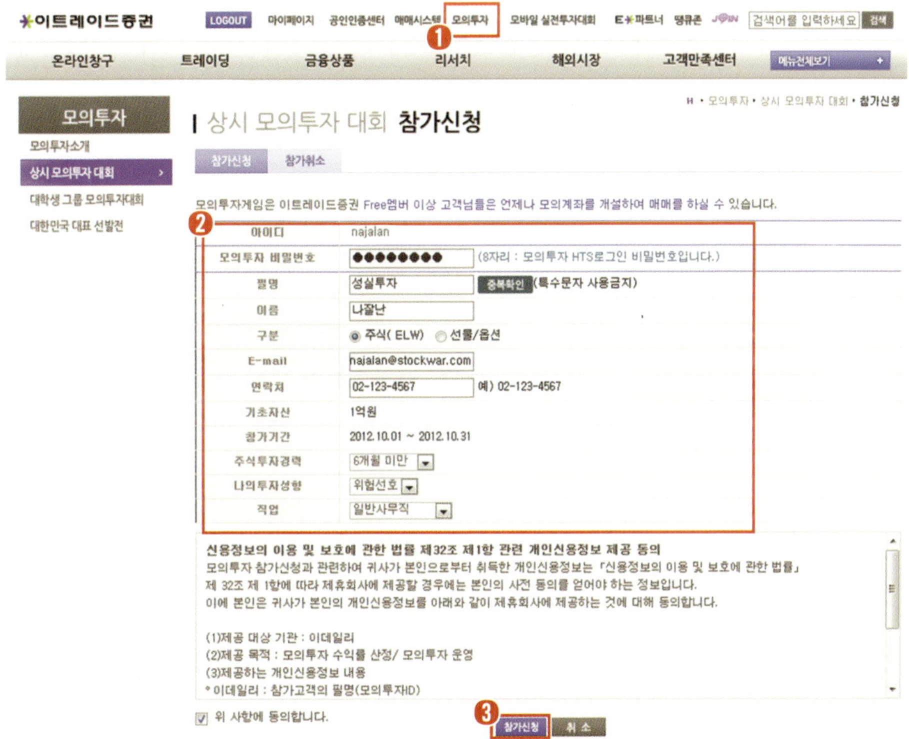

이트레이드증권(www.etrade.co.kr)의 HTS인 씽큐를 이용하여 모의투자를 하는 방법을 예로 살펴보자. 회원가입을 한 후 ❶ 상단 '**모의투자**' **메뉴 클릭**하여 모의투자 화면으로 이동한다. 하단 '상시모의투자대회' 중 '참가신청' 클릭, ❷ **참가신청서 작성**, ❸ '**참가신청**' 버튼 클릭하면 모의투자 신청이 완료되고 가상의 계좌가 개설된다.

그리고 상단메뉴 '매매시스템' 페이지에 들어가 HTS 프로그램인 '씽큐' 다운로드 버튼을 클릭한 후 설치한다. 그럼 자신의 컴퓨터 바탕화면에 '씽큐' 아이콘이 생성된다. 이때 모의투자를 할 경우에는 '모의투자 전용 프로그램'을, 실전투자를 할 경우에는 '통합 HTS 씽큐'를 설치하면 된다.

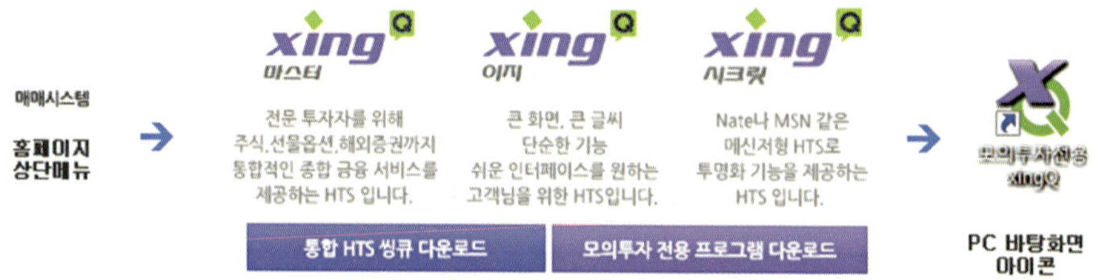

자, 이제 바탕화면의 '씽큐' 아이콘을 더블클릭하여 HTS를 실행시켜 보자.

❹ 회원아이디와 비밀번호를 입력한 후 ❺ '접속' 버튼을 클릭하면 HTS로 들어가게 된다. 참고로 가상계좌 비밀번호는 숫자 '0000'을 입력하면 된다.

차트

위 절차가 끝나면 화면에 메뉴만 있고 아무것도 뜨지 않는다. 이제부터 내가 필요로 하는 화면을 불러와야 한다. 여기에서는 가장 기본이 되는 화면인 차트화면, 호가와 주문화면 등을 살펴본다. 나머지는 증권사 홈페이지에서 제공하는 HTS 동영상 강좌를 보고 익히길 바란다.

[HTS 상단메뉴] 차트 〉 주식 차트(통합 차트)

차트는 기본적으로 주식의 가격(주가) 변동을 막대기로 표현한 봉차트와 거래량을 막대그래프로 표현한 거래량지표가 위아래로 구현되어 있다.

❶ **봉차트** : 가장 널리 사용되는 차트로 주가의 시작가격(시가), 최대가격(고가), 최소가격(저가), 마감가격(종가)을 막대기 형태로 표현한 봉으로 이루어진 차트이다. 차트 내 봉을 더블클릭하면 설정창이 뜨고 여기에서 차트종류, 봉의 색상 등을 변경할 수 있다. 참

고로 지표사이드바(❹번)를 열어 차트종류에 있는 선차트, 바차트 등을 클릭해도 차트종류 변경이 가능하다.

❷ **거래량지표** : 주식거래량을 표시한 막대그래프로 주가가 상승한 경우 붉은색, 하락한 경우 파란색으로 표현한다.

❸ **이동평균선** : 주가와 거래량 등을 과거 평균적 수치(이동평균값)로 계산하여 선으로 표현한 그래프로 주가의 추세를 파악할 수 있는 지표이다. 봉차트와 거래량지표에서 선으로 표현된 부분이 이동평균선이다. 설정창은 이동평균선을 더블클릭하면 되고 여기에서 다양한 기준일, 선의 색상과 굵기 등의 변경할 수 있다.

　[설정의 예] 5일(검정색), 20일(주황색), 35일(빨간색), 60일(초록색), 120일(보라색)

❹ **지표사이드바 보기/숨기기** : 다양한 기술적 지표들을 선택할 수 있는 메뉴바를 숨기거나 볼 수 있게 하는 기능

❺ **종목검색창** : 종목명 혹은 종목코드를 입력하여 원하는 종목을 찾는 검색창이다. 오른쪽 옆에 있는 돋보기 모양의 버튼은 전체 종목보기 기능이다.

❻ **관심종목관리** : 현재 보고 있는 종목을 관심종목에 등록할 수 있는 기능으로 미리 만들어 놓은 폴더에 빠르게 등록할 수 있다.

❼ **종목추가** : 하나의 차트에 여러 종목을 동시에 볼 수 있게 하는 기능이다.

❽ **기업 분석** : 해당 기업과 관련한 다양한 기본적 분석 자료를 볼 수 있다.

❾ **차트 기준일** : 봉차트는 기준 시간 단위에 따라 일봉, 주봉, 월봉, 분봉차트가 있고 분봉은 일반적으로 30분봉 차트가 가장 많이 사용된다. 예를 들어 일봉차트의 한 개의 봉은 1일을 의미하고 월봉에서는 1개월을 의미한다. 차트에서 |1일|주|월|분|30s| 버튼을 클릭하면 해당 봉차트로 이동하게 된다.

❿ **차트툴 메뉴** : 추세선, 가격변화선 등, 차트 내에 선을 그릴 때 사용하는 도구를 모아둔 곳이다. 수평선, 직선추세선, 가격변화선 외에 앤드류 피치포크, 피보나치 팬라인 등의 분석도구 기능도 추가할 수 있다. 추가방법은 차트툴 메뉴 맨 위 차트툴 편집 버튼을 클릭하여 설정하면 된다.

홈 트 레 이 딩 시 스 템 정 복 하 기

▌빠른 '화면찾기' 기능

HTS 상단 좌측에 돋보기 모양의 아이콘 옆에 있는 빈칸에 화면번호를 입력한 후 엔터키를 누르면 원하는 화면을 빠르게 불러올 수 있다. 예를 들어 차트화면을 불러오고 싶으면 '4201' 숫자를 입력한 후 엔터키를 치면 된다.

선 긋기와 보조지표 불러오기

이평선(이동평균선) 종류 설정하기

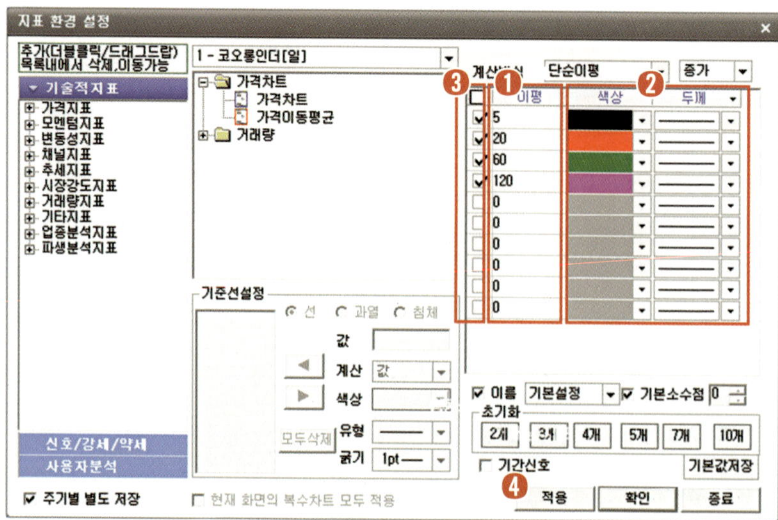

>>> 차트 내에 있는 이평선을 클릭하여 선택한 후 그 선을 더블클릭하면 설정창이 뜬다.

– ❶빈칸에 원하는 이평 기준값 입력 (예_5일 이평선이면 5입력) ❷선의 색상, 두께를 선택
 ❸화면에 표시할 이평선을 선택(체크박스 체크) ❹'적용' 혹은 '확인'버튼 클릭하면 설정 완료

– 이런 식으로 10일, 20일 등 기타 이평선을 선택한 후 색상 등을 설정하면 된다.

※**선지우기** : 설정된 선을 삭제하는 방법은 해당 선을 클릭하여 선택한 후 키보드의 'Delete'키를
누르면 된다.

추세선 긋기

시작점을 클릭한 상태에서 끝점까지 드래그한 후 클릭을 풀면 추세선이 완성된다. 완성된 추세선을 더블클릭하여 시작점과 끝점의 값을 수치로 넣으면 보다 정확한 추세선이 된다. 이때 설정창에서 '**우측으로 확장**'을 체크하면 추세선은 우측으로 연장되어 표현되며 주가 추이를 살피는데 큰 도움이 된다.

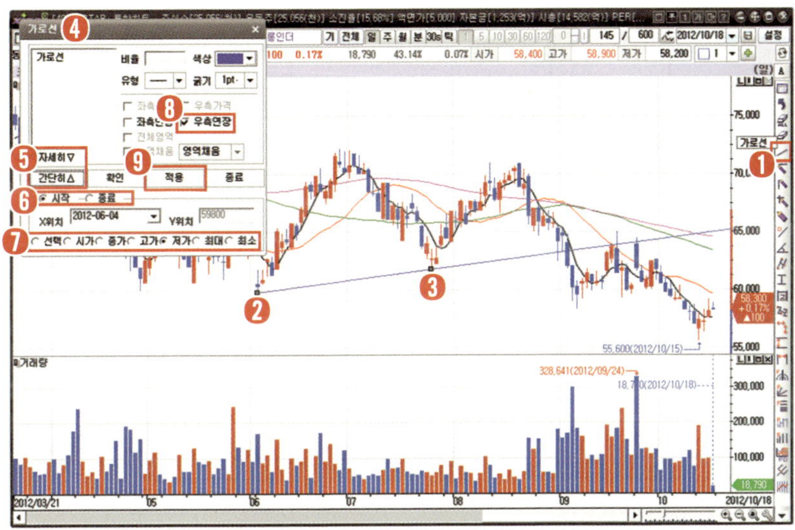

>>> ❶차트툴에서 '가로선' 아이콘 클릭 ❷추세선의 시작 시점인 첫 번째 저점/고점에서 클릭한 상태(누르고 있는 상태)에서 ❸이후 발생한 중요 저점/고점에서 클릭 해제하면 추세선이 완성된다. 이때 그은 추세선은 저점/고점의 위치를 눈대중으로 선택한 것이므로 정확도가 떨어진다. 따라서 저점/고점의 가격을 강제로 기입하여 수정해 줘야 한다. ❹완성된 추세선을 클릭 후 다시 더블클릭하면 직선추세선 설정창이 열린다. ❺'자세히' 버튼을 클릭하면 화면이 아래로 더 커진다. ❻'시작' 체크 ❼기준점 '저가' 선택 ❽'우측연장' 체크 ❾'적용' 혹은 '확인'버튼을 클릭하면 정확한 저점/고점의 가격 기준으로 추세선이 완성된다.

※**기준점 선택** : 추세선을 넓게 적용하려면 '저가' 기준으로, 좁게 적용하려면 '종가'를 기준으로 선택하면 된다.

보조지표 불러오기 및 설정하기

상단 맨 왼쪽에 있는 ❶ '지표사이드바 보기' 버튼을 클릭한 후 '기술적 지표' 항목을 선택하면 다양한 보조지표 메뉴가 있다. 여기에서 원하는 보조지표를 클릭하면 차트 하단에 지표 그래프가 생성된다.

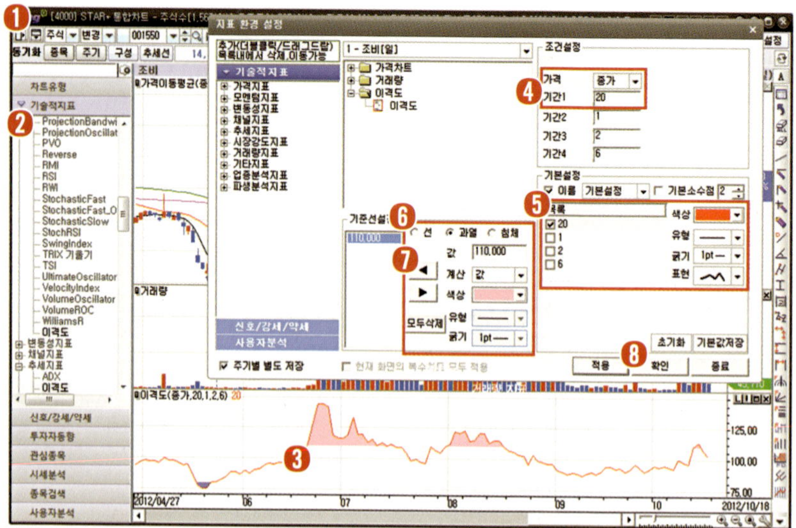

>>> ❷ 좌측 '지표사이드바 메뉴'에서 '기술적 지표' 항목을 누르면 다양한 기술적 지표 리스트가 보이게 된다. 원하는 기술적 지표명에 더블클릭하면 화면 하단에 해당 기술적 지표가 노출된다. ❸ 기술적 지표의 수치 혹은 그래프를 더블클릭하면 지표 설정창 열린다.

이격도(모멘텀지표)를 예로 지표를 설정하는 방법을 살펴보자.
"20일 이격도의 값이 110 이상이면 과열, 80 이하면 침체"로 표현하고 싶다면 ❹ 가격의 '종가'를 선택하고 기간1에 20을 입력, ❺ '기본설정'에서 노출목록 체크 및 선의 색상, 유형 굵기 등을 선택, ❻ '기준선 설정'에서 '과열' 체크하고 값란에 110입력한 후 ❼ 추가버튼 클릭, 다시 ❻ '기준선 설정'에서 '침체' 체크하고 값란에 80입력, ❽ '확인' 혹은 '적용'버튼 클릭하면 설정이 완료된다.

※이때 **또 다른 기준일의 이격도 라인**, 예를 들어 '35일 이격도'를 만들고 싶다면 '기간2' 항목에 수치를 넣는 등의 과정을 반복하면 된다. 과열이나 침체를 설정하고 싶지 않다면 값을 기입하지 않으면 된다.

주식종합주문화면

[HTS 상단메뉴] 주식주문 〉 주식종합주문(5001)

'주식종합주문' 화면은 현재가 화면(호가창)과 주문화면 등의 기능을 혼합하여 만든 것이다. 그림에서 ❶번이 호가창이고 ❷번이 주문화면이다. 보통, 현재가 화면과 주문화면을 분리하여 사용하는 경우가 많고 증권사마다 조금씩 차이가 있으며 그 종류도 다양하다. 여기에서는 빠른 이해를 돕기 위해 주식종합주문화면을 중심으로 살펴보자.

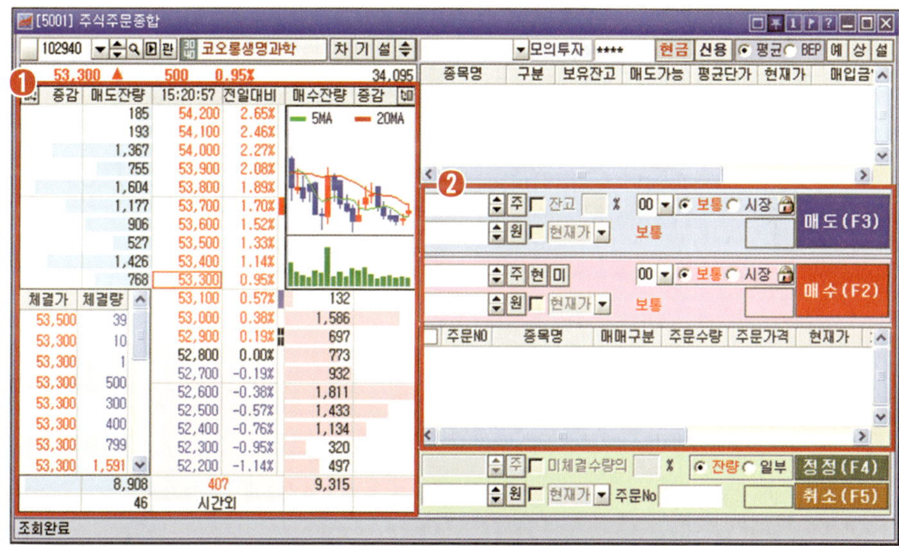

주문방법은 간단하다. 현재 종목을 매수를 하고 싶으면 ❷번 주문창의 붉은색 영역에 수량과 가격을 입력하고 붉은색 매수 버튼을 클릭하면 주문이 접수된다. 그리고 현재가가 내가 주문한 가격에 도달하면 거래가 성사된다. 이때 나보다 먼저 다른 사람이 주문한 수량이 있으면 그 수량이 모두 거래가 된 다음 내 차례가 된다. 즉, 접수한 순서대로 매매가 이루어지는 것이다. 매도는 주문창의 파란색 영역에서 같은 방법으로 실행하면 된다. 참고로 주문가격은 ❶번 호가창에 있는 가격을 클릭하면 ❷번 주문창에 자동으로 입력된다.

붉은색 박스로 채워진 53,300원은 현재가를 의미한다. 그리고 중앙에서 위로 10칸은 팔기 위해 내놓은 매도 수량을 가격대별로 보여주는 것이고, 아래로 10칸은 사기 위해 내놓은 매수 수량을 가격대별로 보여주는 것이다.

만약 53,300원에 500주를 '사자' 주문하면 곧바로 매매가 체결된다. 왜냐하면 53,300원에 팔려는 물량이 이미 768주로 내가 주문한 500주보다 많기 때문이다. 이렇게 되면 53,300원의 매도잔량은 내가 주문한 500주를 뺀 268주가 된다.

또 53,100원에 300주를 주문하면 기존 132주에서 내가 주문한 300주가 추가되어 53,100원의 매수잔량은 432주로 증가하게 된다. 그리고 누군가 53,100원에 200주를 팔겠다고 주문을 넣으면 기존 132주가 먼저 성사되고 난 후 내가 주문한 300주 중 68주가 성사된다.

반대로 만약 53,100원에 100주를 '팔자' 주문하면 곧바로 매매가 체결된다. 53,100원 사겠다는 주문이 132주이기 때문이다. 그리고 53,100원의 매수잔량은 내가 주문한 100주를 제한 32주가 된다.

또 53,500원에 200주를 '팔자' 주문하면 기준 527주에 내가 주문한 200주가 더해져 총 53,500원의 매도잔량은 727주가 된다. 매매체결 순서도 먼저 주문한 527주가 성사된 다음 내 차례가 된다.

호가와 단위

호가(呼價)란 매수자와 매도자의 주문에 따라 표시되는 매도·매수의 가격. 즉, 주문가격을 말한다. 이는 금액에 따라 일정의 단위가 있는데 5,000원 미만은 5원, 5,000원 ~ 10,000원 미만은 10원, 10,000원 ~ 50,000원 미만은 50원, 50,000원 ~ 100,000원 미만은 100원, 100,000원 ~ 500,000원 미만은 500원, 500,000원 이상은 1,000원이다. 또 최소주문 수량이 있어 코스피의 경우 10주(단 주가가 10만 원 이상인 경우는 1주)이고 코스닥의 경우는 1주이다.

예를 들어 코스피 종목인 코오롱의 현재가가 46,500원이라면 호가의 금액단위는 50원이고 최소주문 수량은 10주가 된다. 따라서 가격 46,540원 주문이나 수량 9주 주문은 접수가 되지 않는다.

09

매매 주문방법과 매매체결의 원칙

>>>>>>>>>> 주식매매는 다양한 주문방법을 통해 접수할 수 있다. 그리고 주문은 일정한 규칙에 의해 접수, 체결된다. 이 장에서는 주문방법의 종류와 그 특성을 살펴보고 매매체결이 어떻게 이루어지는지 알아보자.

매매 주문방법의 종류

매매 주문을 내는 방법에는 여러 가지가 있으므로 상황에 맞게 선택하여 활용하면 된다. 주문창에서 '현재가▼' 부분을 클릭하여 선택하면 된다.

1) 보통가 주문

보통가는 단순히 시장에 형성되는 가격을 보고 투자자가 직접 가격과 수량을 지정하여 내는 주문으로, 가장 많이 사용되는 방법이다. 매수자와 매도자 간에 가격이 맞아야 체결이 되며 장중 가격 형성이 맞지 않으면 미체결로 있다가 장이 종료함과 동시에 주문이 취소된다.

2) 시장가 주문

가격을 지정하지 않고 수량만 지정하는 형태로 현재 거래가 되는 종목을 주문시점에서 바로 매매가 체결이 되도록 하는 방법이다. 예를 들어 20,000원 100주, 20,050원 150주, 20,100원에 100주의 매도 주문이 있다. 이것을 사려는 사람이 바로 체결시키기 위해 시장가로 300주 주문을 내면, 가격을 무시하고 20,000원 100주, 20,050원 150주, 20,100원 50주, 총 300주가 바로 체결된다.

이처럼 주식을 바로 매수하고자 한다면 시장가 주문으로 넣는 것이 가장 유리하다.

3) 조건부 지정 주문

일정한 가격을 우선 정한 뒤 그 가격에 체결이 되면 주문이 끝나는 것이며 만약 장중에 체결이 되지 않으면 장 마감 전 10분간의 동시호가 시간에 시장가 주문으로 전환되는 주문이다.

예를 들어 20,000원에 조건부지정가로 주문하면 장중에 가격이 맞으면 체결이 되어 주문이 종결되지만 끝까지 20,050원으로 유지가 되어 체결되지 않는다면 장 마감 전 10분간의 동시호가 시간에 시장가 주문으로 바뀌어 종가로 무조건 체결된다.

4) 최유리 지정가 주문

단가를 지정하지 않고 수량만 주문하면 매수 주문의 경우는 최우선 매도호가의 가격으로, 매도 주문의 경우에는 최우선 매수호가의 가격으로 지정되는 주문이다.

5) 최우선 지정가 주문

단가를 지정하지 않고 수량만 주문하면 매수 주문의 경우는 최우선 매수호가의 가격으로, 매도 주문의 경우에는 최우선 매도호가의 가격으로 지정되는 주문이다.

6) IOC와 FOK 조건 주문

주문 시 일정한 조건을 추가하는 주문으로 IOC(Immediate or Cancel)는 주문 즉시 체결 가능한 수량은 체결이 되고, 나머지 미체결 물량은 자동취소가 되는 조건 주문이다. FOK(Fill or Kill)는 주문 즉시 전부 체결시키거나 전부 체결되지 않으면 전부 자동취소 되는 조건 주문이다.

7) 시간 외 거래

① 시간 외 종가매매

장이 끝나면서 종가가 결정되면 15시 10분부터 15시 30분까지 종가가격으로 주문이 이루어지며 매수와 매도의 물량이 존재할 경우에만 매매가 체결된다. 주문은 15시부터 접수되고 접수순서에 따라 먼저 접수된 수량이 우선적으로 거래가 된다.

② 시간 외 단일가매매

15시 30분부터 18시까지 거래가 되며 30분 단위로 매매가 체결된다. 시간 외 종가매 매는 종가가격으로 매매를 하나 이는 종가에서 ±5% 가격 범위 내에서 매매할 수 있다.

③ 동시호가

동시호가는 일정 시간 동안 받은 주문을 받은 다음 가격우선원칙과 수량우선원칙 순에 따라 마감과 동시에 일괄적으로 매매를 체결시키는 것이다. 장 개시 전 8시부터 9시까지와 장 마감 전 14시 50분부터 15시까지 하루 두 차례에 걸쳐 실시된다.

주식시장의 매매체결 원칙

현재 국내 시장은 경쟁 매매제도 방식을 채택하고 있고 이는 주식시장에서도 적용된다. 즉, 매도자와 매수자가 다수이고 서로 경쟁하며 매매를 해야 하기 때문에 일정한 규칙이 없으면 공정한 가격 형성이나 원활한 수급이 힘들게 된다. 따라서 거래소에서 가격우선, 시간우선, 수량우선, 위탁매매우선의 매매체결 원칙을 규정하고 가격→시간→수량 순서로 적용시켜 매매를 성사시킨다.

1) 가격우선의 원칙

"저가의 매도호가는 고가의 매도호가에 우선하고 고가의 매수호가는 저가의 매수호가에 우선한다."

이는 높은 가격에 팔려는 사람보다 낮은 가격에 파는 사람이 우선으로 체결되고, 낮은 가격에 사려는 사람보다 높은 가격에 사는 사람이 우선으로 체결된다는 것이다. 즉, 유리한 가격을 제시한 주문을 우선적으로 체결시키는 것이다.

2) 시간우선의 원칙

"동일한 가격의 호가에 대해서는 먼저 접수된 호가가 나중에 접수된 호가에 우선한다."

이는 주문가격이 같다면 먼저 접수한 주문을 우선적으로 체결시키는 것이다.

3) 수량우선의 원칙

"동일가격, 동일시간의 호가 간에는 많은 수량의 호가가 적은 수량의 호가에 우선한다."

이는 주문가격과 시간이 같다면 많은 수량을 주문을 우선적으로 체결시키는 것으로 동시호가매매의 경우에만 적용된다.

4) 위탁매매우선의 원칙

"동일가격, 동일시간의 호가 간에는 위탁매매의 호가가 증권회사의 자기매매 호가에 우선한다."

이는 주문가격과 시간이 같다면 증권사의 자기매매 주문보다 고객의 주문을 우선적으로 체결시키는 것이다.

10 증권계좌 만들기

>>>>>>>>>> 주식을 매매하기 위해서는 투자금의 입출금을 관리할 수 있는 증권사의 계좌가 있어야 한다. 이 장에서는 이러한 증권계좌를 만드는 방법과 증권사 선택 기준에 대해 살펴보자.

증권사 선택하기

어떤 증권사를 선택할 것인가에 대한 선택 기준은 내가 주식투자를 하는데 있어 어떤 도움을 받을 수 있는가? 즉, 서비스의 우수성이다. 아래 4가지 정도를 기준으로 하여 종합적으로 판단하면 선택에 무리가 없을 것이다.

- 신뢰도가 높은 투자정보를 얼마나 신속하게 제공해 주는가?
- HTS, 모바일, PDA 등의 트레이딩시스템은 우수한가?
- 거래 수수료는 저렴한가?
- 고객 상담 및 관리서비스는 우수한가?

증권계좌 개설하기

증권사를 선택했다면 이제부터 아래 절차에 따라 증권계좌를 개설한다. 말이 어렵지 그냥 주식전용 통장 하나 만든다고 생각하면 된다. 증권계좌 개설과 관련한 안내는 각 증권사 홈페이지에 쉽고 자세하게 설명되어 있다.

1. 증권사 지점 혹은 해당 증권사와 제휴된 은행을 방문하여 창구 직원에게 증권계좌를 개설한다고 하면 친절하게 처리해 준다. 이때 본인을 확인할 수 있는 실명확인증(주민등록증, 운전면허증 등)과 본인 도장(서명으로도 가능함)을 지참해야 한다.

2. 창구에서 계좌등록신청서와 투기목적 기재서 등을 계좌개설 신청서를 작성해서 제출하면 증권계좌가 개설된다.

3. 해당 증권사 홈페이지 들어가 아이디를 등록하고 공인인증서를 발급받는다.

4. HTS를 다운받은 후 실행하며 주식거래가 가능해진다. 단, 온라인 증권사의 경우 은행계좌에서 증권계좌로 투자금을 이체해야 한다. 이체 방법은 HTS나 홈페이지에서 가능하다.

11 입금한 돈보다 더 많은 주식주문이 가능하다?

>>>>>>>>>> 주식을 매수할 때 내 계좌의 잔고보다 더 많은 금액의 주문도 가능하다. 미수 거래, 즉 외상거래가 된 것이다. 나도 모르는 사이에 빚을 안고 거래를 한 셈이다. 어떻게 이런 일이 발생한 것일까? 예수금, 증거금, 주문가능 금액에 대해 살펴보면 그 답이 나온다.

예수금

예수금은 본인이 증권계좌를 만들어 입금한 현금이다. 이 돈으로 주식을 사기도 하고 자유롭게 인출하기도 한다. 주식매매를 통해 손해를 보아 예수금이 줄기도 하고 수익을 내어 예수금이 늘어나기도 한다. 한마디로 예수금은 내가 갖고 있는 현찰이다. 그리고 증권사 입장에서 보면 예수금은 "고객이 주식매매를 하는데 있어 일종의 보증금"이다.

주식은 현금이 아니다. 즉, 내가 주식을 팔자마자 현금이 되어 증권계좌에 꽂히는 게 아니다. 주식을 매도하고 3일째 되는 날 비로소 현금의 값어치를 할 수 있다. 때문에 2일 동안 내 계좌에는 빈 공간이 생기게 된다. 그럼, 남은 2일 동안 내 돈은 어디로 간 걸까? 그 돈은 2일 동안 주인을 찾아 여행을 하고 있었다. 내 주식을 사간 사람의 계좌에서 내 계좌로 말이다. 이렇게 현금이 이동하는 동안 생기는 2일 동안의 여정의 첫째 날을 "D+1 일", 이틀째 되는 날을 "D+2일"이라고 표현한다.

주식을 팔긴 했으나 내 현금은 2일 동안 여행을 떠나야 한다. 그래도 분명 내 현금이니 "예수금"이다. 그러나 내 계좌에는 아직 꽂히지 않은 예정된 예수금이므로 현금으로 인출할 수는 없다.

이렇게 2일 동안 떠돌고 있는 예수금을 '매도정산금'이라고 한다. 판 지 하루가 되면 'D+1일 매도정산금', 2일이 되면 'D+2일 매도정산금'이라 하고 합산한 매도정산금을 '추정예수금'이라고 한다. 중요한 것은 내 계좌에 꽂히지 않아 출금은 불가능하지만 어찌되었건 내 현금이니, 이 돈으로 주식을 살 수 있다.

쉽게 말하면, "오늘 주식 판 돈으로 오늘 주식을 살 수 없고 그 다음 날부터 가능하다"는 것이다.

주식을 팔았을 때 그 돈의 명칭은 "주식 매도 → D+1일 매도정산금 → D+2일 매도정산금 → 예수금"으로 변경된다.

예를 들어 10월 9일 A종목을 100,000원 매도했다면 (이해를 돕기 위해 수수료는 제외함) 아래 표와 같이 표현된다.

구분	10월 9일 (A 매도)	10월 10일 (D+1)	10월 11일 (D+2)	10월 11일 (D+3)
D+1일 매도정산금	0원	100,000원	0원	0원
D+2일 매도정산금	0원	0원	100,000원	0원
추정예수금 계	0원	100,000원	100,000원	0원
예수금 (D+3일 매도정산금)	0원	0원	0원	100,000원
주문가능현금	0원	100,000원	100,000원	100,000원

❖ 추정예수금 = D+1일 매도정산금 + D+2일 매도정산금
❖ 주문가능현금 = 추정예수금 + 예수금

하지만 이 추정예수금은 증권사마다 조금씩 다르게 표현된다. 그래서 많이 헷갈린다. 아래 표1)은 이트레이드증권이고, 표2)는 하나대투의 경우이다.

표1) 이트레이드증권

매매일	결제일	추정예수금
10월 10일	D+1	900,000원
10월 12일	D+2	500,000원

표2) 하나대투

구분	추정예수금
D+1 (10월 13일)	900,000원
D+2 (10월 14일)	500,000원

표1)은 "10월 10일에 매도한 종목의 결제대금 90만 원의 결제일이 하루 남았고 10월 12일 매도한 종목의 결제대금 50만 원의 결제일이 이틀 남았다"는 의미이고 이는, 즉 과거 거래일을 기준으로 표현한 것이다.

표2)는 "내일의 추정예수금, 즉 매도한 지 하루 된 종목(D+1)의 결재대금이 60만 원이고 모레의 추정예수금, 즉 매도한 지 이틀 된 종목(D+2)의 결재대금이 80만 원이다"라는 의미로 미래일을 기준으로 표현한 것이다.

무척이나 복잡하지만 결국 키포인트는 두 가지이다.

1. 주식을 매도한 후 3영업일째 되는 날부터 현금으로 찾을 수 있지만 매도한 지 1일 이상 지난 매도정산금으로도 주식 매수를 할 수 있다.

2. 주문가능현금만큼 주식을 매수할 수 있다.

따라서 주식투자 초보자는 '다른 생각'을 하지 말고 '주문가능현금'만큼만 주문하면 된다. '다른 생각'은 다음의 증거금을 말한다.

증거금

주식을 사게 되면 판 사람에게 돈을 지불해야 하는데 내가 찾아가서 그 사람 계좌로 이체시켜 주는 게 아니다. 바로 증권사가 중계해 준다. 그래서 증권사는 고객이 예탁한 현금을 일종의 담보로 잡고 있는 것이다. 그래야 판 사람에게 돈을 보내줄 수 있기 때문이다. 이러한 예탁금을 증거금이라고 한다. 우리가 주식매매를 하기 전에 내가 입금한 돈은 예수금이지만 주식을 매수 주문을 하게 되면 이 예수금은 증거금(보증금)의 역할을 하게 된다.

증거금 100% VS 증거금 40%

증거금이 100%라는 것은 "예수금의 100%(전부)를 증거금으로 사용하겠다"는 것이고 증거금 40%라는 것은 "예수금의 40%만 증거금으로 사용하겠다"는 것이다. 어떤 차이가 있을까? 예를 들어 살펴보자.

증권계좌에 100만 원을 넣은 박대리가 증거금 40%로 주식매매를 시작했다.

그리고 100만 원의 주식을 매수하였다. 그러면,

→ 증거금 = 100만 원 X 40% = 40만 원

→ 예수금 = 100만 원 − 40만 원 = 60만 원이 된다.

즉, 100만 원 중 40만 원만 보증금으로 사용했다는 의미이다.

그래서 남은 예수금 60만 원으로 주식을 매수하였다. 그러면,

→ 증거금 = 60만 원 X 40% = 24만 원

→ 예수금 = 60만 원 − 24만 원 = 36만 원

남은 예수금 36만 원으로 또 주문을 넣는다.

이런 식으로 계속 주문을 반복하면 결국 100만 원의 현금으로 250만 원까지 매수 주문이 가능하게 된다.

계산식으로 보면 간단하다.

'최대주문가능 금액 = 예수금/증거금률 = 100만 원/40% = 100만 원/0.4 = 250만 원'이다.

그런데 뭔가 이상하다. 내 돈은 100만 원밖에 없는데 250만 원어치 주식을 살 수 있다니. 하지만 이는 모두 증권사에서 대출을 한 것이다. 즉, 부족한 돈 150만 원을 빌린 것

이다. 무이자일까? 어림 반 푼어치도 없는 소리! 대출 수수료까지 있다. 이 돈을 3영업일 안에 모두 갚아야 한다. 만약 3일 안에 부족한 증거금을 현금으로 채워 넣지 못하면 다음 영업일에 증권사가 해당 주식을 강제 매도하게 되고 현금화되는 기간만큼(보통 3일) 이자를 부과한다. 이자율은 증권사마다 다르지만 보통 15% 정도의 고금리이다. 아무튼 증거금을 낮춰 주식을 매수할 경우 이자를 내지 않으려면 당일 매수하여 당일 매도해야 한다.

확인하지 않으면 말(두:斗)로 돌아오는 증거금

아무튼 중요한 것은 이 대출금은 2일 안에 갚아야 하고 갚지 못하면 증권사는 내가 보유하고 있는 주식을 강제로 처분하여 그 돈을 회수한다는 것이다. 이를 "로스컷(반대매매) 당했다"고 표현한다. 이렇게 로스컷을 당하게 되면 다음 거래부터는 무조건 증거금 100%로 주식매매를 해야 한다. 이를 "미수동결계좌가 되었다"라고 한다.

상황이 이런데도 증거금률을 낮춰가면서 거래할 필요가 있을까? 초보자는 무조건 증거금 100%에 맞춰 놓고 거래해야 한다. 지금 HTS를 열고 본인의 증거금률이 100%인지 아닌지 꼭 확인하길 바란다.

"주식 초보 우리의 김과장, 어느 날 어디서 혹하는 정보를 들었는지 돈을 구하려 발광을 한다. 있는 돈, 없는 돈 싹싹 털어 4천만 원 입금 후, 증거금률을 40%로 주식 1억 원어치를 샀다. 3일 후 증권계좌에 6천만 원을 입금해야 해서 이곳저곳에 전화를 걸어 돈 빌려 달라고 볼멘소리를 한다. 이후 주가는 4일 동안 −20% 하락했고 증권사는 실시간으로 강제 매도에 들어갔다. 결국 우리의 김과장! 앉은 자리에서 4일 만에 2천만 원 날렸다." 이런 경험을 한 투자자가 많다는 사실을 명심하길 바란다.

증거금 100%로 설정하기

[HTS 상단메뉴] 주식계좌 〉 계좌증거금률변경(6402)에서 창이 뜨면 ❶ '조회' 버튼을 클릭하면 현재 설정되어 있는 자신의 증거금률이 나온다. ❷ '현금증거금(100%)으로 변경' 버튼 클릭 후 창을 닫으면 증거금 100%로 설정하기가 완료된다.

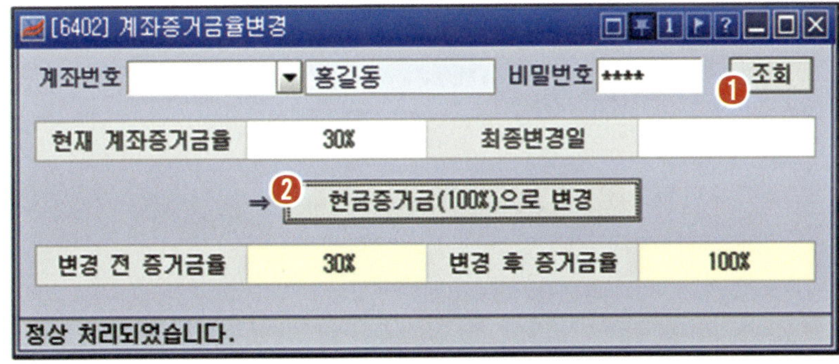

12

실전을 위한 마음의 준비

>>>>>>>>>> 실전에 임하기 전에 명심하지 않으면 곧 뼈저리게 후회하게 되는 주식시장의 교훈이 있다. 하지만 잊고 있다가 당하고 나서야 생각나는 것들이다. 소 잃고 외양간 고치는 일이 없도록 하기 위해서는 모의투자에서 아래 교훈을 느낄 때까지 실전에 참여하지 않는 것이 좋다.

모의투자를 통해 얻은 교훈은 무엇인가?

앞에서 강조했듯이 모의투자는 무료로 실전투자를 경험할 수 있는 공간이다. 열심히, 충분히, 해야 하고 많은 것을 깨달은 후 실전에 들어가도 늦지 않다. 만약 모의투자로 자신감만 가득 채우고 실전투자에 입문하고자 한다면 100의 99는 괜히 했다고 생각할 것이다. 후회할 거란 말이다. 앞에서 언급한 세 가지 깨달음이 메모장에 가득 채워지기 전에는 게임 한 판 더 한다고 생각하고 다시 모의투자로 돌아가라.

하나, 왜 매수를 했고 왜 매도를 했는가?

둘, 왜 이익을 보았고 그 이유가 다른 상황에서도 지속적으로 적용되던가?

셋, 왜 손실을 보았는가?

주머니 쌈짓돈 중 최소 금액을 투자하라.

과한 비교지만 유연히 알게 된 로또 추천 사이트의 말을 믿고 마누라도 모르는 쌈짓돈 천만 원을 로또 사는 데 쓰겠는가? 그것도 한 방에. 그렇지 않을 거다. 왜냐하면 대부분 사람들은 로또가 거의 맞지 않다는 사실을 알고 있기 때문이다. 주식도 마찬가지다. 무식한 초보자에게는 로또나 다름없다. 따라서 쌈짓돈에서 최소 금액만 투자하고 수익률이 좋아지면 그때 조금씩 늘려 나가라.

그리고 대출, 주식담보대출, 미수거래. 행여 꿈도 꾸지 마라. 내 주머닛돈도 관리 못 하는 분들께서 남의 돈을 빌리거나 주식을 담보로 외상거래를 한다면 지나가던 개가 웃을 것이다.

"난 지지리 복도 없어서 내 생애 대박주는 없다"라고 생각해라.

차트를 들여다보고 있으면 이상하게도 대박주가 눈에 잘 들어온다. 짧은 기간에 시원하게 올라갔다가 시원하게 내려오니 어찌 혹하지 않겠는가? 이해한다. 그 마음. 하지만 주가는 오름이 가파르면 내림도 가파르다는 사실을 명심해야 한다. 문제는 대부분의 개미들은 가파름의 출발점이 아닌 중턱이나 꼭대기에서 만나게 된다는 것이다. 그리고 눈 깜짝할 사이에 주가는 스키를 타고 슬로프를 내려오듯이 어느새 리프트 대기 줄에 서 있게 된다. 대박주 이면에는 쪽박주의 칼날이 숨어 있으니 혹하더라도, 주변에서 발광을 하더라도 그냥 지나쳐라.

'목표가와 손절가 지키기' 이것은 진리다.

목표가는 말 그대로 '수익을 내기 위해 내가 얼마에 팔 것인가?', 손절가는 '주가가 하락할 때 얼마의 손실까지 감당하겠는가?'를 결정하는 것이다. 그런데 이를 정하는 것은 잘하는데 막상 목표가나 손절가에 도달하면 맘이 싹 바뀐다. 욕심과 아쉬움이 교차하는 순간이다. 그래서 결국 선택한 것은 '며칠 더 지켜보자'이다. 그러다 결국 그 며칠이 한 달이 되고 두 달이 되고 그 사이에 이익은 줄고 손실은 커지게 되는 것이다. 따라서 목표가와 손절가는 매수를 하기 전에 이미 결정되어 있어야 하고 그 가격에 도달하면 묻지도 따지지도 말고 매도로 대응해야 한다. "이것은 주식시장의 진리다"

한 종목에 몰빵하지 말고 분산투자하라.

주식은 확률의 싸움이다. 열 번 던져 일곱 번 이기고 세 번 지면 최후의 승자가 되는 것이다. 승리와 패배가 7:3이므로 결과적으로 네 번은 승리한 셈이다. 만약 열 번의 매매에서 투자금을 동일하게 밀어 넣었다면 이 네 번은 나의 수익금이 되는 것이다. 이것이 기계적 분산투자의 힘이다. 그리고 이익률은 적지만 승률이 높은 곳에 투자를 많이 하고 이익률은 크지만 승률이 낮은 곳에 적게 투자하는 방법도 분산투자의 한 형태이다.

초보자의 경우는 투자금의 70% 이상은 승률이 높은 우량주를 선택하고, 20% 이하로 기타 종목, 나머지 10%는 만일을 대비하여 현금으로 갖고 있기를 권한다. 그리고 기타 종목에서 수익률이 좋을 경우 투자 비율을 조금씩 확대해 가면 된다. 단, 기타 종목은 주식의 가격 5천 원 이상, 10영업일 평균 거래량 10만 주 이상, 10영업일 평균 거래대금 10억 이상, (재)상장된 지 120영업일 지난 종목 내에서 선택하길 바란다.

자신과의 싸움에서 이겨야 하는 고도의 심리전이다.

주식은 노름처럼 중독성이 있으니 자기 통제에 자신이 없다면 책값으로 돈 만 원 버렸다고 생각하고 차라리 펀드에 가입하거나 장기저축 금액을 늘려라. 기다릴 줄 아는 인내력도 있어야 하고 쉴 땐 쉴 수 있는 절제력도 있어야 한다. 목표가에 도달하면 욕심을 통제할 수 있어야 하고, 손절가에 도달하면 미련을 버릴 줄도 알아야 한다. 언론과 기관이 뿌리는 정보에 팔랑귀가 되지 말아야 한다. 이 모두는 자신과의 싸움에서 출발하는 것들이다. 외국인과 기관이 가장 많이 이용하는 매매전략이 개미들의 이러한 심리를 이용한 것이라는 사실도 명심해야 한다.

초자출입금지(初者出入禁止) & 열공열탐(熱工熱探)

미안하다. 책 팔아먹고 딴소리해서. 하지만 초짜 딱지는 모의투자에서 떼고 와라. 오죽했으면 주식시장을 '총성 없는 전쟁'이라고 표현하겠는가. 명절날 치는 '점 백 고스톱'이라면 얼마나 좋을까. 개평도 받고 남는 돈으로 온 가족이 즐겁게 노래방도 가니 말이다. 하지만 주식은 놀이가 아닌 실전투자다. 초급자 입문서 딸랑 한 권 읽고 전쟁터에서 룰루랄라 하고 싶은가? 당신은 주식전쟁에 뛰어든 것이니 열심히 공부하고 열심히 탐구해라. 왜냐하면 "당신의 돈은… 소중하니까"

너무 윽박을 질러서 주식투자를 하라는 건지, 하지 말라는 건지 투덜댈지도 모른다. 하지만 독하게 하지 않으면 말장난하는 줄 안다. 이 모든 소리가 우습게 들리거나 스쳐 지나는 바람처럼 느껴진다면, 돈 잃고 나서 이 페이지를 다시 한 번 읽어 내려가라. 피눈물 날 것이다. 그러니 실전에 들어가기 전에 확실하게 다짐하라. 난 '주식전쟁'에 참전을 신청한 것이고 위의 생존수칙을 반드시 지키겠다고.

투자의 귀재들에게서 배운다

티 로우 프라이스 (T. Rowe Price)
성장주 투자의 아버지

+ 성장주를 찾아 저렴하게 매수하고 장기간 보유하고 성장이 멈추면 매도한다.

+ 성공적인 투자자는 변화를 예측하고 대처하는 데 유연성을 보여야 한다.

+ 매입 시 설정된 매도 전략을 반드시 실천하라.

+ 자신의 투자방법을 개발하고 그것에 집중하라.

피터 린치 (Peter Lynch)
상식적 투자로 전설이 된 월가의 영웅

+ 바보라도 경영할 수 있는 기업에 투자하라.

+ 어떤 주식을 산 이유를 알고 있다면 팔 때가 언제인지도 저절로 알게 된다.

+ 전문가의 말에 귀 기울이지 마라. 두뇌의 3%만 사용하는 정상인이라면 월 스트리트 전문가 못지않게 종목을 선정한다.

+ 투자를 결정할 때는 최소한 새 냉장고를 고를 때만큼의 시간과 노력을 기울여야 한다.

+ 대표 저서 : BEATING THE STREET (피터 린치의 이기는 투자), One Up on Wall Street (전설로 떠나는 월가의 영웅)

제임스 오쇼너시 (James O'Shaughnessy)

성장주와 가치주에 투자하는 '다우의 개' 투자 모델의 창시자

+ 전년도 배당수익률이 높은 대형주들을 1년간 장기 보유 후 매도하라.

+ PER는 주식가치를 나타내는 최선의 지표가 아니다.

+ 많이 오른 기업일수록 더 오를 확률이 높다.

+ 도박을 하려면 객장 대신 라스베이거스로 가라. 거기가 훨씬 더 재미있다.

벤저민 그레이엄 (Benjamin Graham)

가치투자의 아버지

+ 주식시장은 단기적으로는 투표계산기이지만 장기적으로는 가치의 저울이 된다.

+ 안전마진이 확보된 곳에만 투자하라.

+ 매일 주가를 몰라도 주식을 보유하는 것이 편할 때만 투자하라.

+ 그 기업을 경영한다는 자세로 투자하라.

+ 대표 저서 : The Intelligent Investor (현명한 투자자), SECURITY ANALYSIS Sixth Edition (벤저민 그레이엄의 증권분석)

초 보 투 자 자 를 위 한

STEP
03

실전 종목 선정

13 주식시장의 세분화로 종목군을 만들자

>>>>>>>>>>> 약 1,720여 종목이 상장되어 있는 주식시장에서 종목을 고르기 위한 방법 중 하나는 종목을 시장 및 종목의 특성이나 가치에 따라 분류시켜 범위를 좁혀 가면서 접근하는 것이다.

시장에 따른 세분화

1) 유가증권시장

거래소가 정한 일정한 요건을 충족한 기업들이 속해 있으며 코스닥 시장에 비해 역사가 길다. 전통적인 제조업이 많아 투자 위험도가 낮고 안정적이다. 현재 759개 사, 872종목, 시가총액 1,143조 원(2012년 12월 기준)이다.

2) 코스닥 시장

중소기업 및 벤처기업들이 증시에서 사업자금을 보다 원활히 조달할 수 있도록 하기 위한 상장 기준을 완화시켜 만든 증권시장이다. 유가증권시장에 비해 등락폭이 커 수익이 큰 만큼 투자 위험도도 높은 편이다. 현재 1,014개 사, 982종목, 시가총액 104조 원(2012년 12월 기준)이다.

3) 파생상품시장

'KOSPI200' 지수를 거래 대상으로 하는 주가지수선물 · 옵션시장이다.

기업가치에 따른 세분화

1) 블루칩

오랜 기간 안정적인 이익창출과 배당지급을 실행해 온 수익성 · 성장성 · 안정성이 우수한 대형 우량주이다. 분류하는 방법은 다양하지만 주로 시가총액 상위에 위치하고 상대적으로 가격이 비싸며 시장점유율이 높은 업종의 대표주가 여기에 속한다. 예를 들면 삼성전자, POSCO, 현대차, SK텔레콤, 신세계, 삼성화재, 현대건설, NHN, GS건설, LG생활건강 등이 이에 속하고 주로 외국인과 기관의 보유 비중이 매우 높은 편이다.

2) 옐로칩

중저가 우량주로 블루칩보다는 시가총액이 작지만 재무구조가 안정적이고, 대부분 업종을 대표하는 우량종목들로 중가 블루칩이라고도 한다. 그동안 실제 가치보다 낮게 평가되어 있어서 앞으로 인기주가 될 가능성이 높고 블루칩에 비해 상대적으로 가격 부담이 적어 유동물량이 많다. 예를 들면 기아차, 동부화재, 삼성물산, 대한항공, 쌍용양회, 대우건설, 현대제철, 하이닉스 등이다.

3) 턴어라운드주

기업이 실적 부진으로 적자 상태에 있다가 실적이 호전되어 당해 연도 흑자전환이 예상되는 기업으로 구조조정, 적자사업 매각, 기업 분할을 통한 실적 호전도 여기에 포함된다. 실적 호전에 따른 기업의 재평가가 이루어지는 과정으로 주가의 상승폭이 큰 편이고 흑자폭이 클수록 주가상승폭이 커지는 경향이 있다.

4) 성장주

수익신장률이 높은 기업은 장래 증자나 배당 증가가 기대되므로 현재 배당에 비하여 주가도 높은 편이다. 물론 현재가 아닌 장래 신제품 · 신기술 등이 수익에 기여할 가능성이 있는 기업의 주식도 여기에 포함된다.

성장주의 요건으로는 기업의 성장성을 분석하는 지표인 매출액 성장률, 영업이익 성장률, 당기순이익 성장률, 총자본 성장률, 매출증가율 등이 동 업계 평균 이상이어야 한다. 그리고 투자는 주가 성장률이나 시가총액 성장률이 동 업계 평균 이하인 종목이 매우 유리하다. 이는 기업은 크게 성장하고 있으나 앞으로도 그럴 가능성이 높은데 아직 주가에는 반영되지 않는 상태이므로 장기적 관점에서 투자한다는 의미이다.

5) 가치주

실적이나 자산에 비해 기업가치가 상대적으로 저평가됨으로써 낮은 가격에 거래되는 주식이다. 일반적으로 PER(주가수익비율)이 낮고, 시장에서 기업의 내재가치보다 낮게 평가되어 있는 종목에 장기적 관점에서 투자하는 방식을 취한다. 가치란 시장의 상황에 따라 늘 변하는 것이므로 현재 기준이 아닌 미래 기준에서 고려하는 것이 중요하다. 참고로 가치주는 안정적인 성장세를 유지하면서 고배당을 실시하여 주주에게 큰 수익을 안겨주는 종목으로 확대 해석하기도 한다.

6) 배당주

배당수익률이 높은 종목으로 배당은 기업이 순이익을 내거나 내부 유보율이 많아서 주주들에게 돌려줄 재원이 있을 때에 실시한다. 따라서 배당이 크고 꾸준히 실시하는 기업은 수익구조가 좋다는 의미이므로 장기적 관점에서 안정적으로 투자하는 것이 좋다.

7) 부실주

영업실적이 지속적으로 저조하여 재무구조가 취약해지면서 주가가 낮게 형성된 종목이다. 특히, 주가가 매우 낮은 초저가 부실주는 상장 폐지의 위험이 높으므로 투자를 자제해야 한다.

자본금 규모에 따른 세분화

대형주/중형주/소형주

상장종목을 기업규모에 따라 시가총액 상위 100위까지를 대형주로 하고, 상위 101위부터 300위까지를 중형주로, 나머지 종목을 소형주로 분류한다. 주가의 움직임의 폭은 대형주 〈 중형주 〈 소형주순으로 크다. 대형주는 우량주(블루칩)들이 많고, 중형주에는 옐로칩과 턴어라운드주가 많다.

거래소에서는 이러한 분류에 따른 주가지수를 산출하여 제공하고 있고 이는 각종 시황분석 및 포트폴리오 성과측정지표로 활용된다. 기업규모 분류기준은 정기 변경일 이전 3개월간의 일평균 시가총액을 기준으로 한다.,

거래소가 지정한 투자주의 종목

1) 관리종목

거래소가 유가증권 상장 규정에 의거, 상장 폐지 기준에 해당되는 종목 가운데, 특별히 지정한 종목을 말한다. 일반적으로 부도 발생, 회사 정리 절차 동안 영업 활동 정지 등의 사유로 관리종목으로 지정되기 때문에 투자를 자제해야 한다. 관리종목은 신용거래 대상에서 제외되며 대용증권으로도 활용될 수 없다.

2) 감리종목

주가가 단시간에 급등하여 거래소에 의해 요주의 주식으로 분류된 종목이다. 최근 6일간의 주가상승폭이 가격제한폭의 5배를 초과하거나 최근 12일간의 주가상승폭이 상한가의 8배를 넘는 상태가 3일간 계속된 경우에 지정된다. 대부분 재료(주식시장에서 주가를 움직이게 하는 요인), 테마(증시에 영향을 주는 큰 이슈가 생길 때 이와 관련된 동일한 재료를 가지고 움직이는 종목군)에 의해 급등하는 경우이거나 작전주에서 주로 나타나므로 투자를 자제해야 한다. 참고로 감리종목지정의 해제 조건은 감리지정일 후 최근 6일간의 주가상승 일수가 2일 이하이고 6일째 되는 날의 종가가 전일 종가 이하일 때이다.

3) 투자유의 종목

주식의 유동성 부족, 공시의무 위반 등으로 투자유의가 필요한 종목으로 거래소가 지정한다. 구체적으로 거래실적 부진, 주식분삭기준 미달, 관계 은행의 자기자본비율 하락, 불성실공시 또는 신고의무 위반, 사업보고서 미제출 시 유의 종목에 편입된다. 일정 기간 내에 지정사유가 해소되지 않으면 퇴출될 수도 있으므로 투자를 자제해야 한다.

주 식 시 장 의　　세 분 화 로　　종 목 군 을　　만 들 자

경기 방어주

경기 침체 예상이 원인이 되어 주가지수가 하락함에도 불구하고 하락하지 않는, 즉 경기 변동과 상관성이 적은 종목이다. 기호식품, 음료, 제약, 전력, 도시가스 등과 관련된 기업들이 여기에 속한다.

공시

주가에 영향을 줄 만한 기업 내용이 발생하면 정기 또는 부정기적으로 신속하게 투자자가 알 수 있도록 하는 제도로서, 투자자 보호와 투자 판단 재료의 제공이라는 목적을 가진다. 이는 기업이 공신력을 갖는 거래소를 통해서 공식적으로 발표하기 때문에 신뢰도가 높다.

14

실전에서 시장 흐름 파악하기

>>>>>>>>>> 시장의 흐름과 기업을 분석해야 투자 시기와 그 기업의 가치를 파악할 수 있다. 그렇다고 그 방대한 영역을 개인이 분석할 수도 없는 노릇이다. 따라서 증권사, 전문가, 언론에서 제공하는 분석 자료를 해석할 수 있는 능력을 키우는 것이 중요하다.

투자할 종목을 선택하기 위해서 수많은 분석 과정이 필요하다. 대개 경제분석과 기업분석으로 대표되는 기본적 분석을 통해 종목을 선택하고 해당 종목을 기술적 분석으로 확인한 후 매수에 들어가는 것이 가장 널리 사용되는 투자방법이다. 물론 그 순서를 바꿔서 기술적 분석 후 기본적 분석을 하는 경우도 있으나 이는 어디까지나 자신만의 확실한 노하우와 탁월한 기술적 분석력을 가지고 있을 경우에 한한다. 따라서 초급자의 경우에는 가장 일반적인 투자방법인 기본적 분석 후 기술적 분석을 통한 종목 선택을 하는 것이 좋다.

초급자에게 이러한 분석과정은 그린 만만한 일이 아니다. 그렇다고 이 과정을 생략해서는 안 된다. 이는 주식투자의 핵심 중 하나이기 때문에 많은 서적과 강의를 통해 하나하나 내공을 쌓아가야 한다.

경제지표 분석

5장에서 살펴본 경제지표를 살펴보고 주식시장에 미치는 영향을 분석한다. 증권사나 경제연구단체에서 정기적으로 내놓는 자료를 참조하는 것이 좋다.

[네이버] 〉 금융홈 〉 투자전략 〉 경제분석 리포트

>>> 포털사이트 네이버의 금융 페이지에 들어가면 다양한 증권사들이 내놓는 경제분석 리포트를 볼 수 있다.

이외에도 LG경제연구원(www.lgeri.com), 현대경제연구원(www.hri.co.kr), 삼성경제연구소(www.seri.org), KDI경제정보센터(epic.kdi.re.kr) 등에서 정기적으로 발표하는 다양한 자료를 찾아볼 수 있다.

해외증시 동향

전 세계가 마치 하나의 경제권처럼 각 나라 간 큰 영향을 주면서 유기적으로 움직이고 있다. 미국의 주도하에 줄기차게 외친 글로벌화의 결과이다. 특히, 국내 경제는 미국의 의존도가 높은 편인지라 미국 경제의 영향을 크게 받는다. 그 결과, 국내 주식시장도 미국증시와 같이 가는 '동조화 현상'이 심화되고 있다. 따라서 미국증시의 동향과 추세를 살펴보는 것이 중요하다. 물론 일본의 니케이지수, 홍콩의 항셍주가지수, 중국의 상해종합지수 또한 우리 증시에 영향을 줄 수 있는 주요 해외지수이므로 놓쳐서는 안 된다.

[HTS 상단메뉴] 투자정보 〉 국내외 시장동향 〉 국제금융시장동향(3501)

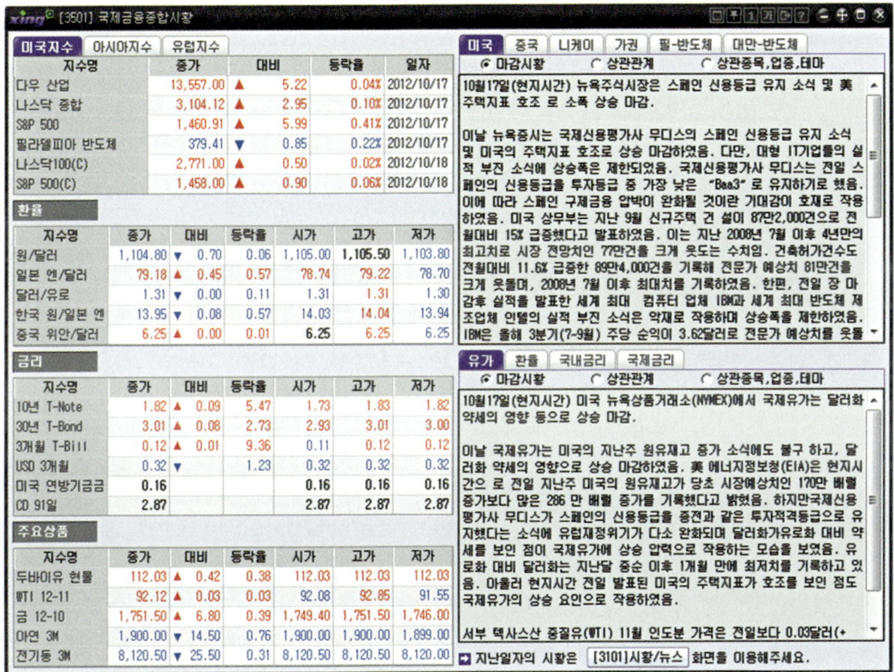

>>> 씽의 '국제금융시장동향' 화면이다. 왼쪽은 해외주가지수, 환율, 금리, 유가 등을 수치로 보여주고 있고 오른쪽은 시장동향을 분석한 내용을 볼 수 있다. 동향 분석은 '~하니 ~했다'식의 인과관계가 명확하다. 이러한 인과관계를 이해하는 것이 동향 분석의 핵심이다. 처음에는 이해가 힘들지만 같은 말이 계속 반복되므로 하나하나 찾아서 알아보면 곧 자기 것이 된다.

1) 차트로 추세 분석하기

기술적 분석을 기반으로 차트를 분석하면 주가의 추세를 판단할 수 있다. 이러한 추세 판단은 내용이 다소 어렵고 그 방법도 다양해서 익히는데 많은 시간과 노력이 필요하다. 여기서는 수많은 방법 중 하나를 예로 들어 간단히 살펴보도록 하자.

[HTS 상단메뉴] 차트 〉 해외지수차트(4009)

미국의 다우산업지수/나스닥지수를 선택한 후 일봉 혹은 주봉차트로 본다. 일봉차트
는 단-중기 추세를 분석할 때, 주봉차트는 중-장기 추세를 분석할 때 사용된다.

[HTS 차트_사이드바 메뉴] 기술적 지표 〉 추세지표 〉 TRIX

(일봉일 경우 적용 기간 20일, 시그널 기간 20일 / 주봉의 경우 적용 기간 12주, 시그널기간 12주)

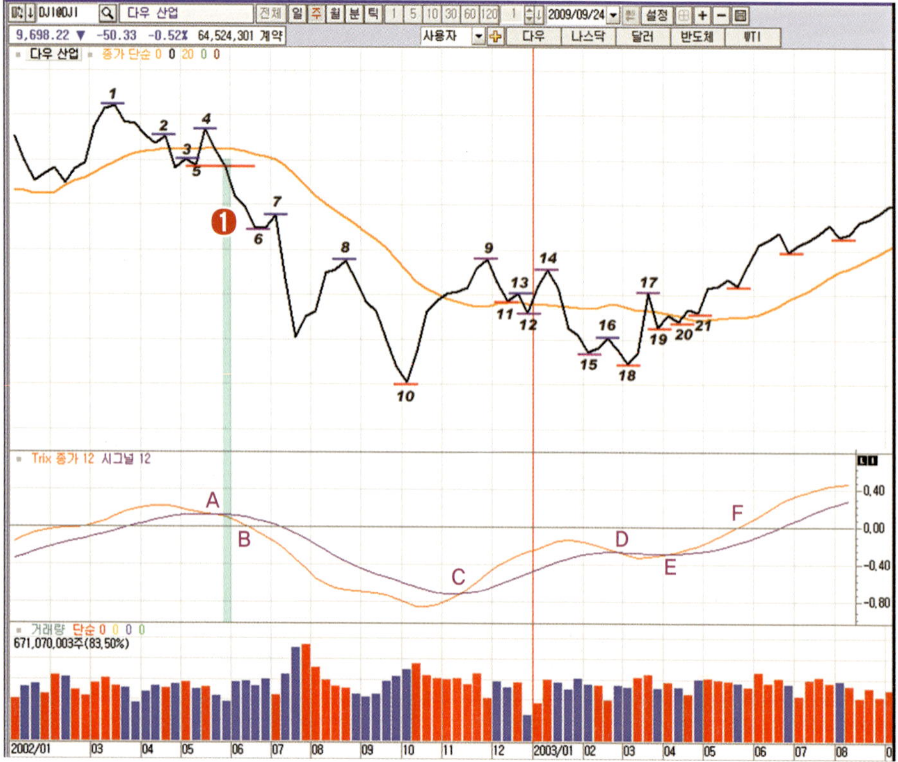

>>> 다우산업지수의 주 단위 종가선(종가를 연결한 선) 차트이다. 기술적 분석을 이용하여 추세를 판단할 때 중요
한 것은 한 가지의 방법이 아닌 **다우의 추세이론, 이평선, 추세선, 보조지표, 거래량의 변화추이** 등을 종합적으로
보고 판단해야 해야 한다는 것이다.

몇 가지를 소개하면 ❶**다우의 추세이론** (상승추세는 저점들을 상향 돌파하면서, 하락추세는 고점들을 하향 돌파하
면서 이루어진다) : 고점1, 고점2, 고점3은 높이가 낮아지는(하향 돌파) 하락추세지만 고점3은 고점4를 하향 돌파
하지 못한다. 이때 상승추세로 전환될 가능성이 있다고 보고 이번에는 반대로 전저점인 저점5를 기준으로 다음 저
점6을 상향 돌파하는지 살핀다. 하지만 저점5는 하향 돌파되면서 저점6을 만들었으므로 상승추세로 전환은 실패
했다고 판단한다. 참고로 이미 주가(검은색)가 저점5의 평행선을 하향 돌파하는 ❶지점에서 추세 전환이 실패된
것이다. 그리고 바로 직전에 TRIX라인(주황색)이 0점을 하향 돌파한 것(B지점)도 추세 전환의 실패가 되었다고 판
단하는 보충 근거가 된다.

이런 식으로 저점과 고점들을 이용하여 추세를 판단하면 1번~10번은 고점이 낮아지는 하락추세이고 10번~17번은 확실한 추세가 보이지 않는 보합권이다. 19번 이후부터 저점이 높아지는 상승추세로 전환되었음을 알 수 있다.

참고로 이평선을 기준으로 보면 주가는 20일 이평선 위에서 상승파동을 그릴 때가 가장 완벽한 상승추세이고 20일 이평선 아래에서 하락파동을 그릴 때가 가장 확실한 하락추세라고 판단한다. 이외에도 주가의 오르락 내림(파동)의 저점 혹은 고점을 이용하여 긋는 추세선이나 모멘텀지표인 MACD, 심리지표인 Put-Call Ratio 등, 수많은 도구들을 이용하여 판단하기도 한다.

참고로 **[상단메뉴] 투자정보 〉 국내외 시장동향 〉 실시간 해외증시(3518)**를 선택하면 실시간으로 세계 각국의 현재 지수를 비교하며 볼 수 있다.

2) 전일장 분석하기

전일 미국의 주요 지수의 등락폭이 큰 경우 당일 국내 증시에도 큰 영향을 줄 가능성이 높으므로 다우, 나스닥지수의 전일 상황을 체크해야 한다.

실 전 에 서 시 장 흐 름 파 악 하 기

TRIX (Triple Exponential Average)

3중 지수이동평균값 그래프이다. 해석 방법은 다양하지만 주로 ①TRIX라인(주황색)이 기준선(0점)을 상향 돌파 시 매수신호(f), 하향 돌파 시 매도신호(b)이고, ②TRIX라인이 시그널라인(보라색) 상향 돌파 시 매수신호(c, e), 하향 돌파 시 매도신호(a, d)로 본다.

주식정보제공 사이트

증권포털

파스넷 (paxnet.moneta.co.kr) / 씽크풀 (www.thinkpool.com)
와우넷 (www.wownet.co.kr) / 이토마토 (www.etomato.com)

>>> No.1 증권포털 사이트 팍스넷 : 종목토론, 고수들의 시장 및 투자전략,
무료 증권방송, 전문가카페 등의 다양한 투자 정보를 공유할 수 있다.

포털사이트

네이버 증권 (stock.naver.com) / 다음 증권 (stock.daum.net)

경제신문

머니투데이 (www.mt.co.kr) / 이데일리 (www.edaily.co.kr)
매일경제 (www.mk.co.kr) / 한국경제 (www.hankyung.com)
파이낸셜뉴스 (www.fnnews.com) / 헤럴드경제 (www.heraldbiz.com)

기타

금융감독원 (www.fss.or.kr) / 통계청 (www.kostat.go.kr)
국가통계포털 (www.kosis.kr) / 한국거래소 (www.krx.co.kr)

15

장을 이끄는 매매 주체는 누구일까?

>>>>>>>>>> 장을 이끄는 매매 주체를 주도 세력이라고 한다. 주도 세력은 크게 외국인, 기관, 개인, 투신사, 은행, 보험사 등이 있으나 국내 증시의 경우 외국인과 기관이 가장 중요한 주도 세력이다. 따라서 이들의 매매추이를 분석하면 주식시장의 큰 흐름을 읽을 수 있다.

투자자별 매매추이 분석

국내 증시는 침체된 장에서 외국인이나 기관이 깃발을 꽂으면 개미들(개인투자자)이 추격하면서 주가가 상승추세를 유지하게 되고 이후 개미들의 참여가 과열되게 되면 외국인이나 기관이 시장을 빠져나간 후 고점을 찍고 하락세로 전환되는 형태를 띠는 경우가 대부분이다. 즉, 시장은 외국인과 기관에 의해 좌지우지되고 있다는 것이다. 왜 그럴까? 침체된 장을 활성화시키기 위해서는 단기간에 거대 자금이 움직여야 한다. 개인들은 할 수 없는 일이다. 외국인과 기관이 장을 활성화시키는 이유는 간단하다. 주식에 투자해서 수익을 내야 하는 이익 집단인 그들이 장을 활성화시키지 못한다면 손가락만 빨고 있어야 하기 때문이다. 그렇다면 무엇을 분석해야 하는 걸까? 바로 시장을 누가 주도하고 있는가, 즉 매매 주체를 알아내야 한다. 그리고 그 매매 주체가 장을 빠져나가기 시작하면 하락세로 전환되는 것이고 매매 주체가 꾸준히 보유량을 늘린다면 장은 상승세를 유지하는 것이다.

[HTS 상단메뉴] 주식시세 〉 투자자별 매매 〉 기간별 투자자 매매추이(1604)에서
개인/외국인/기간의 매매추이(누적) 차트를 살펴보자.

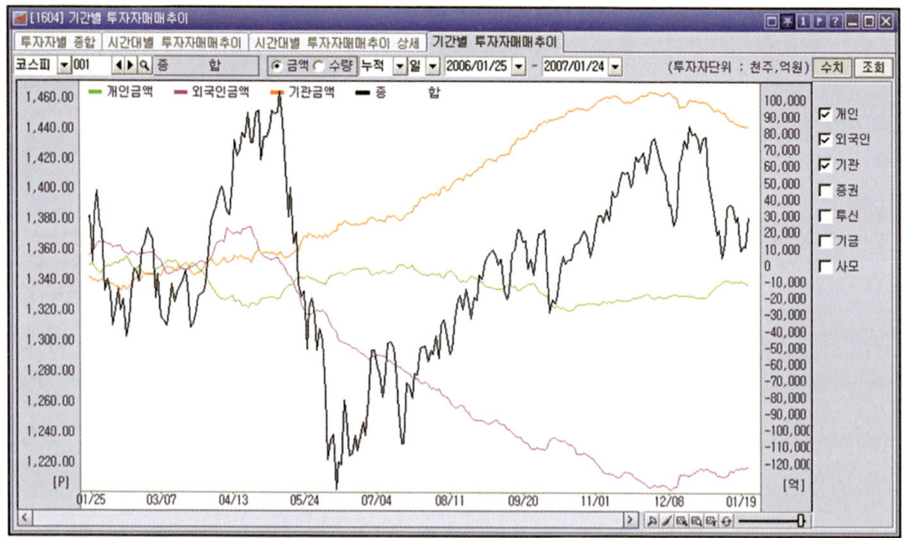

>>> 2006년 1월 25일~2007년 1월 24일의 투자자별 매매추이 누적 그래프이다. 외국인(보라색)이 빠져나가고 있음에도 불구하고 기관(주황색)의 주도하에 코스피지수(검정색)가 상승세를 보이고 있다. 2006년은 외국인이 아닌 기관이 장을 주도한 것이다. 외국인들은 장의 주도권을 기관에게 넘겨주면서 큰 수익을 챙겨 Buy가 아닌 Bye Korea를 한 시기이다.

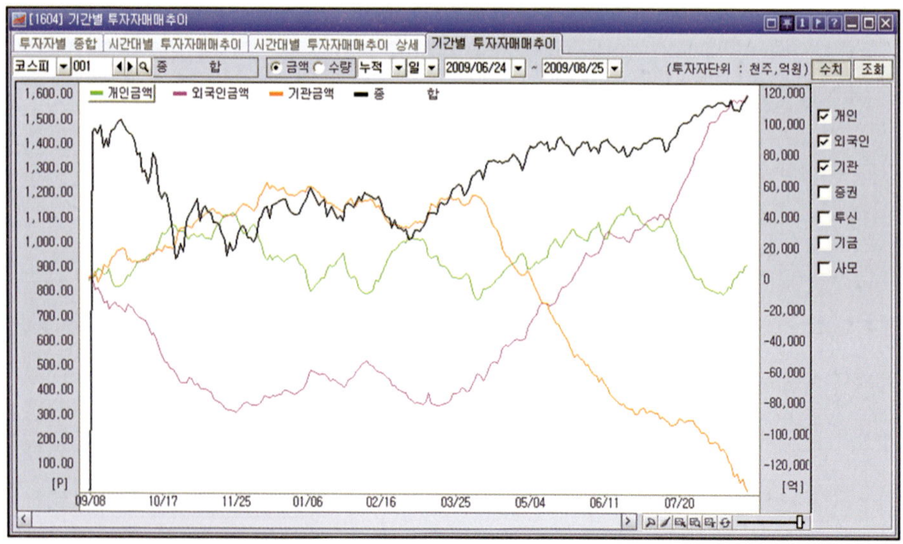

>>> 2008년 9월 24일~2009년 8월 25일의 투자자별 매매추이 누적 그래프이다. 그림1과 정반대로 이번에는 외국인(보라색)이 꾸준히 보유량을 늘리면서 코스피지수(검정색)를 끌어올리고 있는 모습이다. 그리고 기관(주황색)은 물량을 줄이면서 수익을 챙기고 있다.

외국인/기관 투자의 동향을 실시간으로 확인할 수 있나요? 

종목별 외국인 및 기관매매에 대한 자료에 대한 확인은 장중 실시간으로는 불가능하고 장 마감 후 확인이 가능하다. 다만, 외국인 거래 자료의 경우 외국인 보유한도 제한이 있는 종목에 한하여 확인할 수 있다.

[HTS 상단메뉴] 주식시세 〉 외인/기간 매매분석 〉 외인/기간 종목별동향(1701)

장 을   이 끄 는   매 매   주 체 는   누 구 일 까 ?

외국인

외국계 기관 투자가(IB-투자은행)가 주를 이루며 이 밖에 뮤츄얼펀드, 헤지펀드, 연기금, 투자자 그룹 등이 있다. 물론 개인도 시장에 참가하고 있지만 그 비중은 매우 낮다.

기관

국내 기관 투자가를 의미하며 주로 증권사, 투신사, 보험사, 종금사, 은행 같은 금융기관과 국민연금 등의 연기금이 여기에 속한다.

16 주가에 영향을 미치는 선물·옵션

>>>>>>>>>>> 파생상품(派生商品)이란 외환·예금·채권·주식 등과 같은 전통적인 금융상품을 기초자산으로 하여 만든 새로운 금융상품으로 선물과 옵션이 대표적이다. 이 장에서는 주가에 영향을 미치는 주가지수선물과 옵션에 대해 살펴보자.

주가지수선물(先物)

> 선물의 순매수 증가, 콜옵션의 순매수 증가 → 주가상승
> 선물의 순매도 증가, 풋옵션의 순매수 증가 → 주가하락

선물거래는 미래의 특정 시점(만기일)에 인도될 상품을 거래하는 시장으로 이 상품의 가격이 오를 거라고 판단되면 매수포지션, 내릴 거라고 판단되면 매도포지션에서 계약을 체결한 후 만기일에 그 예상이 맞는 만큼 수익이 챙기고 예상이 빗나간 만큼 손실을 보는 일종의 투기이다.

주가지수선물은 코스피200지수가 오르냐 내리느냐를 예측하는 것이다. 즉, 오른다고 판단되면 매수포지션, 내린다고 판단되면 매도포지션 계약을 체결하기 때문에 매수의

물량이 많으면 주가가 오를 거라고 예측하는 세력이 많다는 것이고 반대로 매도의 물량이 많으면 주가가 내릴 거라고 예측하는 세력이 많다는 것을 의미한다.

주가지수옵션

옵션은 특정 시점(만기일)에 인도될 상품을 정해진 가격으로 사거나 팔 수 있는 권리이다. 예를 들면 3개월 뒤에 수박을 개당 10,000원에 살 수 있는 권리를 개당 500원에 샀다. 그리고 3개월 뒤 수박 값이 12,000원으로 올랐다면 개당 2,000원을 벌게 된다. 하지만 수박 값이 9,000원으로 떨어졌다면 그 권리를 포기하면 된다. 개당 500원의 손실을 보게 된 셈이다. 이렇게 팔 수 있는 권리를 콜옵션(Call Option)이라고 한다.

반대로 3개월 뒤 수박을 개당 10,000원에 팔 수 있는 권리를 개당 500원에 샀다. 그리고 3개월 뒤 수박 값이 8,000원으로 내렸다면 10,000원에 팔 수 있는 권리를 행사하여 2,000원을 벌게 된다. 하지만 수박 값이 11,000원으로 올랐다면 팔 수 있는 권리를 포기하고 개당 500원의 손실만 보면 된다. 이렇게 살 수 있는 권리를 풋옵션(Put Option)이라고 한다.

주가지수옵션은 주로 코스피200지수를 상품으로 하는 옵션이고 중요한 것은, 콜옵션은 주가가 오를 거라고 예상하는 세력이 많을 때 매수 수량이 증가하고 풋옵션은 주가가 내릴 거라고 예상하는 세력이 많을 때 매수 수량이 증가한다는 것이다.

선물 매도 or 풋옵션 매수 → 주가상승 시 수익발생
선물 매수 or 콜옵션 매수 → 주가하락 시 수익발생

주가는 경제환경 변화에 민감하게 반응하면서 등락을 거듭한다. 그만큼 주식투자는 손실 위험(리스크)을 크게 안고 있다. 이러한 손실을 최소화하기 위해 만든 상품이 주가지수선물과 옵션이다. 예를 들면, 주식에 투자하고 동시에 선물 매도포지션에 계약을 하면 주가가 떨어져 주식에서 손실을 보더라도 선물의 매도포지션 계약(주가가 내릴 때 수익이 발생하는 계약)의 청산으로 이익이 발생된다. 결국 주식투자의 손실을 선물투자로 만회하는 형태로 투자 리스크를 줄이게 되는 것이다.

> 주식 매수 + 선물 매도 or 풋옵션 매수 → 리스크 감소
> 주식 매수 + 선물 매수 or 콜옵션 매수 → 리스크 증가

기본적으로 외국인과 기관은 리스크를 감소(헷징)시키는 방향으로 움직인다. 따라서 주식을 매수할 때는 주가가 떨어질 때를 대비해서 매도포지션으로 선물을 계약하거나 풋옵션 계약을 한다.

장 을 이 끄 는 매 매 주 체 는 누 구 일 까 ?

▶ 헷징(hedging)

가격변동에 의한 손실을 최소화하기 위해 서로 다른 매매를 동시에 행하는 선물거래의 한 형태를 의미한다. 예를 들어 주식을 매수하고 동시에 선물을 매도하여 리스크를 감소시키는 것을 헷징이라고 한다.

[HTS 상단메뉴] 주식시세 〉 투자자별 매매 〉 투자자별 종합(1601)에서 코스피, 코스닥, 선물, 옵션의 당일 거래금액과 수량을 투자자별로 살펴볼 수 있다.

구분		개인	외국인	기관계	증권	투신	은행	보험	종금	기금	국가	사모펀드	기타
코스피	매도	35,362	8,867	14,727	2,310	8,533	449	1,284	104	1,289	273	758	778
	매수	32,053	13,097	13,709	2,232	6,807	727	1,795	169	1,556	390	422	759
	순매수	-3,309	4,229	-1,018	-77	-1,726	278	511	65	267	117	-336	-19
코스닥	매도	17,039	391	588	82	216	39	88	10	127	18	25	161
	매수	16,455	902	694	83	347	33	110	4	94	29	22	116
	순매수	-584	511	106	1	131	-6	22	-6	-33	11	-3	-45
선물(수량)	매도	88,256	68,373	111,714	104,230	4,923	937	711	207	706	90	0	2,421
	매수	86,663	71,854	110,231	101,473	6,359	864	664	201	670	60	0	2,046
	순매수	-1,593	3,481	-1,483	-2,757	1,436	-73	-47	-6	-36	-30	0	-375
콜옵션	매도	1,597	1,804	553	510	34	8	0	0	0	0	0	25
	매수	1,538	1,855	538	522	13	3	0	0	0	0	0	47
	순매수	-58	50	-15	11	-21	-5	0	0	0	0	0	23
풋옵션	매도	1,266	1,920	386	355	30	0	0	0	0	0	0	21
	매수	1,270	1,919	389	358	30	1	0	0	0	0	0	15
	순매수	4	-1	3	2	0	1	0	0	0	0	0	-6

주도 세력이 이끄는 주식과 선물거래

기본적으로 투자자는 주식을 매수하면 선물 매도 혹은 풋옵션 매수를 해서 리스크를 감소시킨다. 하지만 시장을 이끄는 주도 세력은 꼭 그렇게 하지만은 않는다. 주식을 매수하면서 선물을 매수하면 리스크는 증가하지만 주가상승을 이끌 수 있는 힘이 있는 그들에게 이는 따따블 장사의 기회가 된다. 이걸 놓칠 리 없다. 따라서 시장을 지배하는 매매 주체가 누구인지와 그들이 선물과 옵션에서 어떤 거래를 하고 있는지를 파악하는 것이 중요하다.

주도 세력이 이끄는 상승장에서, 주도 세력이 주식을 순매수하게 되면 주가지수가 상승할 확률이 높다. 또 이들이 상승장에 대한 확신으로 선물에 헷징을 걸지 않고 갈 경우는 주가지수가 상승할 가능성은 더 높다. 반대로 주도 세력이 주식 매도와 선물 매도를 동시에 진행하면 시장은 민감하게 반응을 한다. 즉, 주도 세력의 이탈이 시작된 징후가 아닐까 하는 생각 때문에 주가지수가 하락할 가능성이 매우 높아진다.

일자	지수	코스피			선물		
		개인	외인	기관	개인	외인	기관
2009/07/24	1,502.59	-3,914	4,375	-164	-744	1,288	-576
2009/07/23	1,496.49	-3,679	3,162	1,024	367	1,714	-1,938
2009/07/22	1,494.04	-1,579	3,157	-1,372	-419	2,476	-1,983
2009/07/21	1,488.99	-2,757	4,029	-1,303	885	1,236	-1,980
2009/06/18	1,375.76	2,403	-491	-1,954	1,530	-5,816	3,124
2009/06/17	1,391.17	3,448	-1,497	-2,015	765	-3,849	2,894
2009/06/16	1,399.15	3,681	-1,667	-2,001	854	-1,738	976
2009/06/15	1,412.42	5,032	-443	-3,820	274	-3,925	3,323

>>> 거래 주체별 코스피와 선물의 거래금액. 단위 : 억 원

　예를 들어 표에서 2009년 7월 21일 ~ 7월 24일까지 장을 이끄는 주도 세력인 외국인이 주식을 매수하면서 선물로 헷징하지 않고 오히려 선물을 매수한다. 리스크를 떠안고 갈 만큼 주가상승에 대한 확신으로 밀어붙인 결과이다. 이때 주가지수는 상승할 가능성이 높다. 반대로 2009년 6월 15일 ~ 6월 18일까지 주식을 매도하면서 선물로 헷징하지 않고 선물을 매도한다. 이 역시 리스크를 떠안고 갈 만큼 주가하락에 대한 확신을 표현한 것이다. 이때 주가지수는 하락할 가능성이 높다.

프로그램 매매(program trade)

프로그램 매매란 주식을 매매할 때 미리 입력된 컴퓨터 매매 프로그래밍을 통해 다수의 종목을 일시에, 그리고 대량으로 자동매매 주문을 하는 것을 말한다. 매매 프로그램의 기본 원리는 선물과 현물(주식) 중 상대적으로 고평가된 것을 팔고 저평가된 것을 사는 방식으로 해서 그 차이만큼 이익을 실현하게 하는 것이고 차익거래와 비차익거래 방식이 있다.

주식시장에서 차익거래는 선물지수와 현물(코스피200지수)을 교환하는 방식이고, 비차익거래는 코스피200에 포함되는 시가총액 상위 15개 이상의 대표종목을 하나로 묶어(이를 '바스켓'이라 함) 전체를 일시에 매수 혹은 매도하는 방식이다.

17 주도 세력을 이용하여 종목 선정하기

>>>>>>>>>>>> 주도 세력이란 주가의 오름과 내림에 있어 중심적인 역할을 하는 세력을 말하며, 주로 외국인, 기관, 개인으로 분류하지만 실제 시장에서는 가장 큰 힘을 발휘하는 세력은 외국인과 기관 투자가이다. 이 장에서는 시장의 중심축인 이들의 매매추이를 분석하여 종목을 선정하는 방법을 배워보자.

업종 주체별 동향 분석

앞선 15장에서 장을 이끄는 주도 세력이 누구인지를 분석을 했다면 이제 그 세력이 어느 업종에 주로 투자를 하는가를 살펴봐야 한다. 예를 들어 앞서 15장 [그림2]에서 2008년 9월 24일 ~ 2009년 8월 25일의 투자자별 매매추이 누적 그래프로 주도 세력이 외국인임을 확인했다. 이제 외국인이 어느 업종에 주로 투자하는지를 살펴보자.

[HTS 상단메뉴] 주식시세 〉 투자자별 매매 〉 업종 주체별 동향(1606)에서 과거 5영업일 동안 외국인들이 가장 많이 순매수(누적분)한 업종을 찾는다.

업종명	지수	등락율	개인	외국인▼	기관계	증권	투신
대 형 주	1,547.59	3.82	6,971	7,661	-13,198	2,099	-10,456
종 합	1,601.38	3.58	10,080	7,461	-15,207	1,842	-11,491
금 융 업	518.28	6.51	-2,263	2,917	-960	-211	-438
제 조 업	2,945.18	3.76	10,646	2,139	-9,154	1,465	-8,037
전 기 전 자	7,630.75	4.68	1,443	1,704	-1,489	493	-1,801
서 비 스 업	710.74	1.09	39	1,258	-473	280	-924
통 신 업	292.99	-0.57	639	954	-1,413	204	-1,144
증 권	3,229.72	6.13	-592	804	-302	124	-212
철 강 금 속	5,715.18	2.38	776	754	-1,501	320	-1,131
화 학	2,753.09	4.60	1,248	647	-1,580	-32	-917
전 기 가 스	1,019.16	1.24	-110	609	-422	123	-433
은 행	314.08	2.42	-96	496	-299	-33	-228
음 식 료 업	2,066.96	-0.22	161	281	-367	-16	-157
건 설 업	222.74	3.48	668	255	-560	-11	-658
의 료 정 밀	1,753.74	12.10	-193	93	82	34	-173
소 형 주	1,202.07	0.73	56	14	114	14	-1
비 금 속 광 물	796.22	1.48	14	-1	28	3	21
섬 유 의 복	169.90	-4.55	132	-3	-86	1	-80

>>> '누적'항목 체크한 다음, 8월 19일~8월 25일(중간에 휴장일_토/일요일을 제외한 5영업일) 기간을 선택하고 항목에 있는 '외국인' 글자를 두 번 클릭하면 순매수가 많은 순으로 배열이 된다. 화면을 보면 최근 외국인은 금융업(2,917억), 제조업(2,139억), 전기전자(1,704억)에 집중적으로 순매수하고 있음을 알 수 있다.

세력의 주요 매수 종목 분석

이제 주도 세력이 외국인이고 그들은 금융업, 제조업, 전기전자에 집중 투자하고 있음을 알았다. 그럼, 이들 업종에서 어느 종목을 가장 많이 매수했는지를 찾는다. 금융업을 예를 들어보자.

[HTS 상단메뉴] 주식시세 〉 외인/기관매매분석 〉 외인/기관 순매수 상위(1703) 화면을 이용해야 금융업종에 포함된 종목 중 과거 5영업일 동안 외국인 순매수 상위권에 있는 종목을 찾을 수 있다.

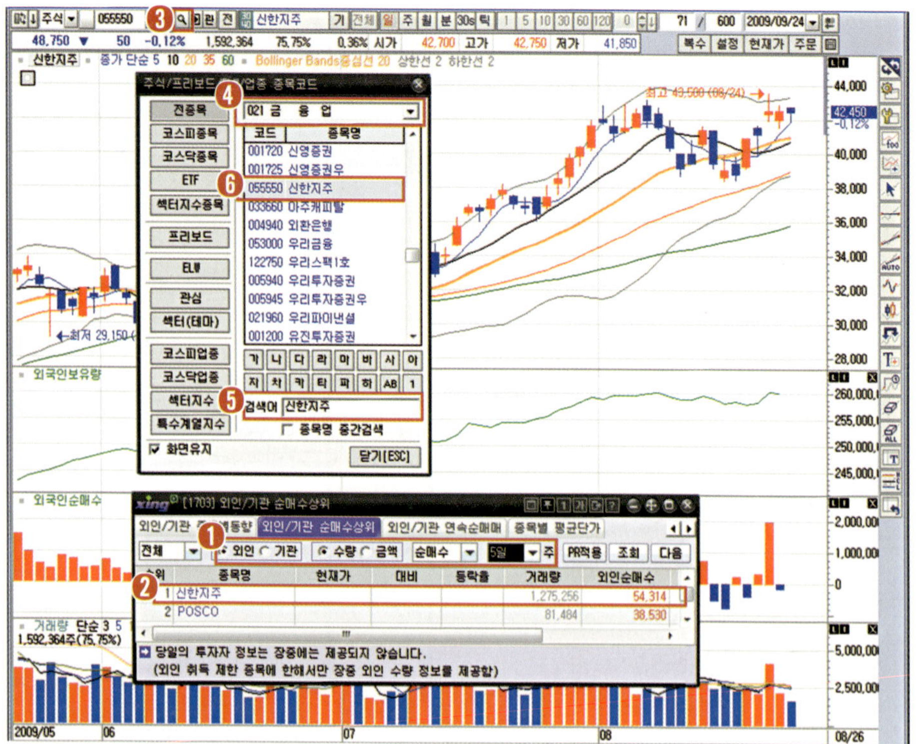

>>> '외인/기관 순매수'화면에서 ❶외인, 순매수, 5일 항목을 선택한 후 '조회'버튼을 클릭하면 ❷순매수 상위권 종목이 검색된다. 순매수가 가장 많았던 '신한지주'부터 나머지 상위권 종목을 HTS에서 검색한다. 이때 신한지주가 금융업으로 분류되었는지를 확인하여야 한다. 그 방법은 ❸돋보기아이콘 클릭 ❹풀다운 메뉴에서 금융업 선택 ❺검색창에 '신한지주' 입력 ❻검색에 '신한지주'가 나오면 금융업 분류에 포함된다.

해당 종목에 대한 최종 매수는 기업 분석, 주도 세력의 매매추이 분석, 기술적 분석을 한 후 결정해야 한다. 단순히 주도 세력이 최근 며칠 동안 매수를 했다고 해서 따라가는 것은 위험한 투자방법이다. 기술적 분석은 이평선, 추세선, 거래량 추이, 그리고 볼린저밴드, 엔벨로프, 윌리암%R, 스토캐스틱, RSI 등의 보조지표를 종합적으로 이용하여 분석하는 것을 말한다.

외국인/기관 매매분석

[HTS 상단메뉴] 주식시세 〉 종목검색 〉 씽씽종목검색(1806)에서 외인기관분석 항목을 클릭하면 외국인/기관의 매수/매도와 관련된 다양한 정보 검색이 가능하다.

❶ 외국인 연속 순매수/순매도 : 외국인 연속 순매수/순매도한 종목을 외국인 보유 비율별로 살펴볼 수 있다.

❷ 기관 연속 순매수/순매도 종목검색

❸ 외국인/기관 동시 순매수/매도 종목검색

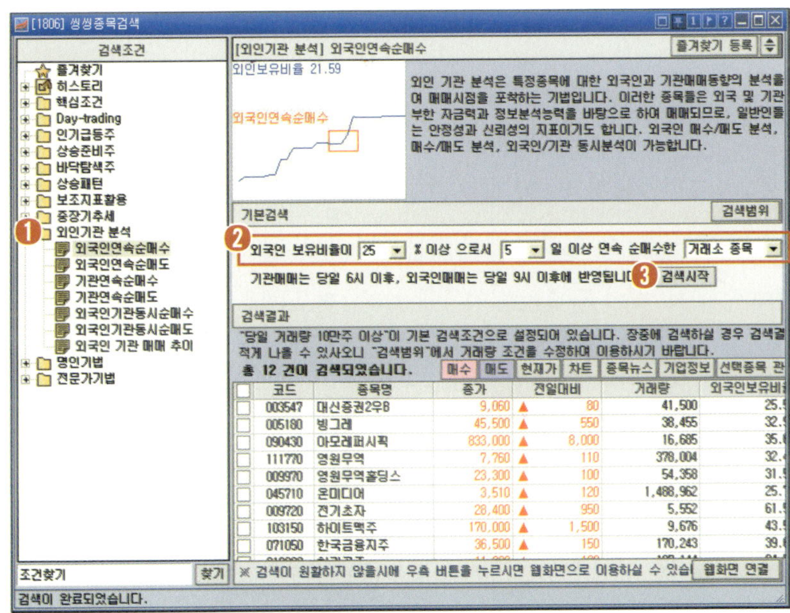

코드	종목명	종가	전일대비	거래량	외국인보유비
003547	대신증권2우B	9,060 ▲	80	41,500	25.5
005180	빙그레	45,500 ▲	550	38,455	32.5
090430	아모레퍼시픽	833,000 ▲	8,000	16,685	35.8
111770	영원무역	7,760 ▲	110	378,004	32.4
009970	영원무역홀딩스	23,300 ▲	100	54,358	31.5
045710	온미디어	3,510 ▲	120	1,488,962	25.1
009720	전기초자	28,400 ▲	950	5,552	61.5
103150	하이트맥주	170,000 ▲	1,500	9,676	43.5
071050	한국금융지주	36,500 ▲	150	170,243	39.6

>>> 외인기관분석 메뉴에서 원하는 항목 클릭. 외국인 보유 비율, 연속일 등을 선택. '검색시작' 버튼을 클릭하면 조건에 맞는 종목이 검색된다. 종목명을 클릭하면 차트를 볼 수 있다.

18

재료주와 테마주

>>>>>>>>>>> 좋은 소식과 나쁜 소식은 투자자의 심리를 들었다 놓았다 하게 만든다. 이러한 소식으로 인해 수요와 공급의 균형이 깨지면서 주가가 급등과 급락을 하는 경우가 있다. 이를 대표하는 것이 재료주와 테마주이다.

호재에 웃는 재료주

주식시장에서 주가를 움직이게 하는 요인을 재료라고 한다. 재료에는 주가가 상승 요인이 되는 호재와 주가의 하락 요인이 되는 악재가 있다. 재료주는 이러한 호재성 재료가 언론매체, 공시, 루머 등에 의해 시장에 알려지면서 재료 가치에 의해 주가가 상승하게 된 종목을 말한다. 주가는 단기간에 상승하고 단기간에 하락하는 형태를 많이 보인다. 따라서 수익률이 높지만 그만큼 위험성도 높은 종목이다.

하지만 문제는 이 재료가 알려지게 된 시기, 재료의 진실성, 재료 가치의 평가가 확실하지 않다는 것이다. 예를 들어 호재가 일반투자자들에게 알려지기 전에 특정 세력이 먼저 알고 있었고, 이를 통해 저가에 매수를 하고 있었다. 그리고 루머를 통해 시장에 정보를 흘리면 주가는 서서히 상승하게 되고 이후 언론을 통해 일반투자자에게 알려지면 주가는 최고점을 향해 가게 된다. 이렇게 되면 일반투자자는 소위 끝물을 타게 된 것이고 이때 주식을 매수하게 되면 단기간에 큰 손해를 보게 된다. 얼마나 일반적인 현상이면 "루머에 사고 뉴스에 팔라"는 말이 주식시장의 유명한 격언이 되었을까. 그만큼 언론에 노출된 호재는 이미 주가에 반영된 상태일 가능성이 높다는 것을 잊지 말자.

또 재료가 알려진 것보다 크게 부풀려져 있거나 확대 해석되어 노출되었다면, 재료의 가치도 마찬가지로 시장에서 좋은 평가를 받지 못한다. 이 또한 일반투자자에게 큰 손실을 주게 된다. 여러 사람이 이구동성으로 좋다고 말하면 일반인들은 정말 좋은 걸로 생각한다. 하물며 공신력 있는 언론을 통해 나왔다면 그 믿음은 더할 것이다. 이 믿음이 과할수록 주가는 폭등을 하게 되지만 믿음이 과한 만큼 진실이 알려지면 단기간에 폭락하게 된다.

〈호재성 재료의 예〉

❖ 휴대전화 부품株 3Q도 '깜짝 실적' 행진

　　→ 영업이익 증가

❖ 씨티그룹, 출자전환으로 부활의 나래 편다.

　　→ 출자전환으로 부채가 줄어들며 자산건전성이 호전

❖ 스타맥스, 관리종목 탈피 후 7일째 상한가

❖ 삼성도 못 이룬 신물질기술개발, 차세대 특급대장주

❖ 신성델타, 닷새째 상승 … 신규사업 LED 진출 기대

❖ NHN이 자사주 매입 소식에 이틀째 오름세를 유지

❖ 한국기술산업 급등 … 600만 달러 외자 유치

❖ 글로비스, 또 최고가 경신 … 외국인 러브콜(매수) 지속

〈악재성 재료의 예〉

❖ 환율 급락에 자동차株 '울상'

　　→ 대표적인 수출주인 자동차주가 환율 급락으로 마진구조가 악화된 것

❖ 초록뱀미디어 횡령설에 하락세

❖ 쌍용차, 노사 협상결렬 소식에 '하한가'

❖ 비 배상판결에 제이튠엔터 주가 급락

❖ 마케팅 출혈경쟁 격화 … 이통사 주가 추락

❖ 외국인 수출주 대거 매도에 주가 하락

❖ 유아이엘 기관 한 달째 순매도, 주가 하락세

장 을   이 끄 는   매 매   주 체 는   누 구 일 까 ?

┌ 출자전환

자금난에 빠진 기업의 재무구조를 개선하기 위해 채권자인 금융기관이 기업의 빚을 탕감해 주는 대신 그 기업의 주식을 취득하는 방식으로 부채조정을 해주는 것을 말한다. 금융기관이 보유하고 있는 해당 기업의 채권을 직접 주식으로 전환하는 직접 출자전환 방식과 투자자가 매출 채권을 할인 매입한 후, 기업의 주식과 상계하는 간접 출자전환 방식이 있다.

┌ 자사주 매입

기업이 자기자본으로 자신의 회사 주식을 매수하는 것이다. 주가가 지나치게 낮게 평가되어 적대적 기업인수합병 등에 대비해 경영권을 보호하기 위해서나, 주가 관리 차원에서 유통되고 있는 주식의 물량을 줄이는 방법으로 주가상승 요인을 만들어 주기 위해 자사주를 매입한다.

시대 트렌드를 반영하는 테마주

주식시장에 영향을 주는 큰 이슈가 발생하면서 투자자들의 관심이 특정 재료에 집중해 그 재료와 관련된 종목이 관심주가 되어 급상승세를 타게 되는데, 이런 종목군에 속하는 주식을 테마주라고 한다. 이는 정치, 경제, 사회, 문화, 계절, 날씨, 유행 등, 다양한 현상에 의해 형성된다.

테마주는 주가가 동시에 같은 방향으로 움직이며 단기간에 큰 폭으로 상승 후 하락하여 끝나는 경우도 있고, 수개월 동안 큰 폭의 상승-하락을 반복하는 경우도 있다. 아무튼 단기간에 급등하면서 최고점에 이른 주가는 단기간에 원래의 자리로 되돌아오는 경우가 많다. 따라서 테마주는 수익률은 높지만 큰 손실을 볼 가능성도 높은 종목이다.

예를 들면 AMOLED, 미디어법 관련주, 유가상승 수혜주, 황사 관련주, 여름 수혜주, 키코 관련주, 자전거 관련주, 남북경협, 풍력에너지, 신종플루, 대운하 관련주, LED 관련주, 탄소 배출권, 2차 전지 관련주 등, 무수히 많다.

※테마주 검색

[HTS 상단메뉴] 주식시세 〉 섹터분석 〉 NEW섹터종합(1537)

섹터명	등락율	5일대비	종목명	현재가	등락율	종목명	현재가	등락율	종목명	현재가	등락율	종목명	현재가	등락율
요트마리나	5.36	5.08	하이텔	2,760	15.00	승화명품건설	1,910	13.35	삼영이엔씨	6,800		에이치엘비	2,865	0.69
조선	2.92	2.98	대우조선해양	25,300	5.64	현대미포조선	130,000	4.00	현대중공업	248,500	3.54	삼성중공업	35,950	3.30
정유	2.58	3.53	SK이노베이션	164,500	3.46	S-Oil	103,500	2.99	GS	68,500	2.09			
해운	2.05	6.31	대한해운	3,965	14.93	현대상선	26,450	2.92	한진해운	13,600	1.49	STX팬오션	3,830	0.26
한국형 우주발사체	1.95	0.89	쎄트렉아이	24,100	4.56	현대중공업	248,500	3.54	한양이엔지	6,790	3.19	비츠로테크	6,360	1.76
지능형로봇	1.91	3.58	동부로봇	4,400	14.29	유진로봇	4,140	3.24	SMEC	3,620	2.55	삼성테크윈	62,400	1.79
광고	1.88	2.71	휘닉스컴	2,905	14.82	오리콤	17,300	1.47	GIIR	6,960	0.14	디지털오션	1,490	0.33
홈네트워크	1.61	7.56	누리텔레콤	5,670	13.86	피에스텍	4,565	6.91	옴니시스템	1,445	5.86	포스코 ICT	6,920	1.17
제2롯데월드	1.51	0.77	삼우이엠씨	802	14.90	필룩스	1,525	0.99	롯데쇼핑	343,000	1.03	호남석유	250,500	0.60
풍력에너지(발전기 제:	1.39	0.55	대우조선해양	25,300	5.64	현대중공업	248,500	3.54	삼성중공업	35,950	3.30	STX조선해양	8,750	1.51
자동차대표주	1.24	0.10	만도	149,000	3.83	현대모비스	303,500	2.02	쌍용차	5,540	1.28	기아차	68,300	1.49
건설대표주	1.20	0.34	대우건설	10,450	3.47	대림산업	86,600	3.46	현대건설	63,000	2.77	삼성물산	64,600	1.89
시멘트	1.16	1.57	동양시멘트	1,575	7.51	아세아시멘트	54,100	1.69	유진기업	2,890	1.58	한일시멘트	44,150	1.49
전자태그(RFID)	1.10	0.35	에이디칩스	3,935	14.89	누리텔레콤	5,670	13.86	현대정보기술	2,470	3.78	포스코 ICT	6,920	1.17
MSCI(Consumer Discret	1.03	0.14	만도	149,000	3.83	LG전자	72,000	2.42	강원랜드	25,650	2.19	현대차2우B	74,300	1.92
우주항공산업	1.01	3.52	쎄트렉아이	24,100	4.56	한양이엔지	6,790	3.19	비츠로테크	6,360	1.76	이수페타시스	4,375	
전쟁 및 테러	0.97	3.44	유니모씨앤씨	1,910	14.71	대양전기공업	12,950	1.97	삼성테크윈	62,400	1.79	웰크론	2,450	1.24
수산	0.90	1.65	CJ씨푸드	3,065	11.05	신라에스지	4,495	3.81	동원수산	14,500	2.84	한성기업	9,110	1.11
유가민감주	0.87	3.41	대한해운	3,965	14.93	현대상선	26,450	2.92	애경유화	56,400	1.62	한진해운	13,600	1.49
IT대표주	0.84	4.18	LG전자	72,000	2.42	삼성SDI	151,500	1.68	LG디스플레이	29,500	1.03	삼성전자	,334,000	0.15

[네이버] 증권 〉 국내 증시 〉 테마별(좌측메뉴)

19 기업가치와 안정성 분석

>>>>>>>>>>> 주식투자는 그 기업의 미래 가치에 투자하는 행위이다. 따라서 그 기업의 가치와 안정성을 다각도로 분석하는 것은 매우 중요하다.

기업 분석이란?

기업의 대차대조표·손익계산서 등, 재무제표나 각종 경영 관련 자료를 종합한 후 기업의 재무상태나 경영성과를 종합적으로 분석하여 해당 기업의 가치와 투자 안정성을 평가하는 것을 말한다. 그중 수익성 분석과 성장성 분석이 가장 큰 비중을 차지하고 그 외 활동성 분석, 안정성 분석 등이 있다.

수익성 분석

기업이 투하된 자본을 이용하여 일정 기간 동안 얼마만큼의 성과를 냈는지 분석하는 것이다. 이러한 수익성은 과거의 수치와 대비하여 증가추세이거나 동일 업종 대비 높을수록 좋다고 판단할 수 있다.

❶ ROE (자기자본수익률, return on equity)

: ROE = (당기순이익 ÷ 평균자기자본) x 100

투입한 자기자본으로 얼마만큼의 이익을 냈는지를 나타내는 지표로 ROE가 높다는 것은 자본 대비 이익을 많이 냈다는 것, 즉 효율적인 경영을 하는 안정적인 기업이라는 것을 의미한다.

❷ 영업이익률 (operating profit percentage)

: 영업이익률 = (영업이익 ÷ 매출액) x 100%

기업이 제품과 서비스를 팔아 어느 정도의 부가가치를 창출하고 있는지를 나타내는 지표로 영업이익률이 높다는 것은 이윤이 남는 장사를 잘하는 안정적인 기업이라는 것을 의미한다.

❸ 경상이익률 (ratio of ordinary profit)

: 경상이익률 = (경상이익 ÷ 매출액) x 100%

기업의 수익성을 영업활동뿐만 아니라, 재무활동에서 발생한 모든 경영성과를 총괄적으로 나타내는 지표로서 이 수치가 높다는 것은 순익이 크다는 것을 의미하므로 안정적인 기업이라는 것을 의미한다.

❹ PER (주가수익률, price-earnings ratio)

: PER = 주가 ÷ 1주당 예상순이익

주가가 1주당 순이익의 몇 배의 가치로 매매되고 있는가를 표현한 지표로 퍼(PER)가 낮으면 저평가, 퍼(PER)가 높으면 고평가되었다는 것을 의미한다.

▌당기순이익

당기순이익은 일정 기간의 순이익을 의미한다. 순이익이란 매출액에서 매출원가, 판매비, 관리비 등을 빼고 여기에 영업 외 수익과 비용, 특별이익과 손실을 가감한 후 법인세를 뺀 값이다.

▌매출 총이익, 영업이익, 경상이익, 당기순이익

매출 총이익 = 매출액 − 매출원가 · **영업이익** = 총이익 − 판매 · 관리비 · **경상이익** = 영업이익 + (영업 외 수익 − 영업 외 비용) · **당기순이익** = 경상이익 + (특별이익 − 특별손실) − 법인세

성장성 분석

기업의 매출액, 순이익 등의 경영성과나 자산규모 등이 전년 대비, 동기 대비, 추세 대비 얼마나 증가 또는 감소하였는가를 측정하는 것으로 주로 동일 업종의 평균 성장률이나 경쟁사의 성장률과 비교하여 판단한다.

❶ 매출액 성장률

= (당기 매출액 − 전기 매출액) ÷ 전기 매출액 x 100%

기업의 신장세를 판단하는 주요 지표로 전년도 매출 실적에 대한 당해 연도 매출액을 증가율로 표시한 것이다.

❷ 영업이익 성장률

= (당기 영업이익 − 전기 영업이익) ÷ 전기 영업이익 x 100%

매출 총이익에서 판매비와 관리비를 차감하여 계산하는 영업이익의 전년 대비 증가율이다.

❸ 당기순이익 성장률

= (당기 당기순이익 − 전기 당기순이익) ÷ 전기 당기순이익 x 100%

일정 기간의 기업의 실질적인 순이익인 당기순이익의 전년 대비 증가율로 주가 형성에 가장 직접적인 영향을 미치는 지표이다.

❹ 총자본 성장률

= (당기 총자본 − 전기 총자본) ÷ 전기 총자본 x 100%

기업에 투하되어 운영되고 있는 총자본이 전년 대비 증가율로 기업의 전체적인 성장 규모를 알 수 있는 지표이다.

활동성 분석

기업이 보유하고 있는 자산을 얼마나 효율적으로 사용하였는가를 측정하는 것으로, 투자자본이나 자산이 매출액 대비 1년에 몇 번 회전되었는가를 산출해서 기업의 활동성을 분석하는 것이다.

❶ 총자본 회전율 = 매출액 ÷ 총자본 (회)
❷ 납입자본 회전율 = 매출액 ÷ 자본금 (회)
❸ 재고자산 회전율 = 매출액 ÷ 재고자산 (회)
❹ 고정자산 회전율 = 매출액 ÷ 고정자산 (회)

안정성 분석

기업활동을 원활하게 진행할 수 있는 안정적인 재무구조를 갖추고 있는지를 분석하는 것이다. 대개 동일 업종 간의 수치 비교로 그 안정성을 판단한다.

❶ **유동비율** = 유동자산 ÷ 유동부채 x 100%

기업의 단기적인 상환능력을 알 수 있는 지표로 1년 이내에 만기가 도래하는 유동부채를 갚기 위해 어느 정도의 유동자산이 확보되어 있는가를 파악하는 것이다.

❷ **부채비율** = 부채 ÷ 자본 x 100%

기업의 장기적 상환능력을 알 수 있는 지표로 자본 규모에 비해 부채비율이 지나치게 높은 기업은 신규 차입이 어려울 것이므로 기업의 추가 자금 조달 능력으로도 평가된다.

❸ **이자보상배율** = 영업이익 ÷ 이자비용

기업의 이자지급 능력을 알 수 있는 지표로 영업이익으로 이자를 얼마나 감당할 수 있는지를 보여준다. 이자보상배율이 1보다 낮다는 것은 정상적인 영업활동을 통해 이자도 지급할 수 없는 수준이므로 채무구조조정이 필요한 상태를 의미한다.

❹ **유보율** = (자본잉여금 + 이익잉여금) ÷ 납입자본금 x 100%

기업이 동원할 수 있는 자금량을 측정하는 지표로, 사내유보의 정도를 나타낸다. 유보율이 높을수록 불황에 대한 적응력이 높고 무상증자 가능성도 높다.

장을 이끄는 매매 주체는 누구일까?

사내유보(retained earnings)

기업이 설비를 확장하거나 배당을 안정적으로 지급하는 등의 목적으로 당기순이익 가운데 일부분을 자기자본으로 저축한 것이다. 사내유보가 많을수록 주당 순자산가치가 높아지며 무상증자의 기대도 높아진다.

앞에서 언급했듯이 기업 분석과 관련된 지표들은 수치 그 자체가 의미하는 바도 있지만, 동일 업종 혹은 경쟁사의 데이터와 비교해서 판단하는 것이 더 중요하다. 따라서 동일 업종 간 데이터를 비교할 수 있는 방법을 살펴보자.

[네이버] 증권 〉 검색창에 종목명(코드) 검색 〉 투자정보〉 동일 업종 PER

>>> 네이버증권에서 ❶검색창에 종목명/코드 입력 후 검색 버튼 클릭 ❷오른쪽 서브 투자정보 메뉴에서 '동일 업종 PER,' 클릭 ❸원하는 검색지표 체크하면 해당 동일 업종 종목의 지표값이 자동으로 나열된다.

※기업 분석지표 조건값으로 찾기

[HTS 상단메뉴] 주식시세 〉 종목검색 〉 종목검색(1807)에서 '기본적 분석' 항목을 선택하면 유동성, 수익성, 활동성, 안정성 등과 관련된 기업 분석지표를 다양한 조건으로 검색할 수 있다.

HTS에서 기본적 분석 살펴보기

[HTS 상단메뉴] 투자정보 〉 기업 분석 〉 기본적 분석_개별종목(3302)

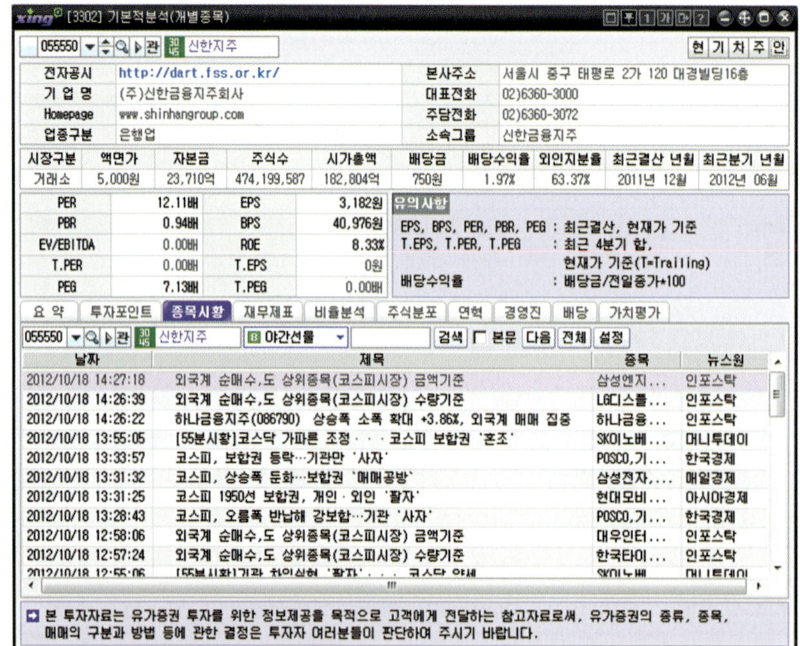

시장구분	액면가	자본금	주식수	시가총액	배당금	배당수익율	외인지분율	최근결산 년월	최근분기 년월
거래소	5,000원	23,710억	474,199,587	182,804억	750원	1.97%	63.37%	2011년 12월	2012년 06월

				유의사항
PER	12.11배	EPS	3,182원	EPS, BPS, PER, PBR, PEG : 최근결산, 현재가 기준
PBR	0.94배	BPS	40,976원	T.EPS, T.PER, T.PEG : 최근 4분기 합,
EV/EBITDA	0.00배	ROE	8.33%	현재가 기준(T=Trailing)
T.PER	0.00배	T.EPS	0원	배당수익율 : 배당금/전일종가*100
PEG	7.13배	T.PEG	0.00배	

날짜	제목	종목	뉴스원
2012/10/18 14:27:18	외국계 순매수,도 상위종목(코스피시장) 금액기준	삼성엔지…	인포스탁
2012/10/18 14:26:39	외국계 순매수,도 상위종목(코스피시장) 수량기준	LG디스플…	인포스탁
2012/10/18 14:26:22	하나금융지주(086790) 상승폭 소폭 확대 +3.86%, 외국계 매매 집중	하나금융…	인포스탁
2012/10/18 13:55:05	[55분시황]코스닥 가파른 조정···코스피 보합권 '혼조'	SK이노베…	머니투데이
2012/10/18 13:33:57	코스피, 보합권 등락…기관만 '사자'	POSCO,기…	한국경제
2012/10/18 13:31:32	코스피, 상승폭 둔화…보합권 '매매공방'	삼성전자,…	매일경제
2012/10/18 13:31:25	코스피 1950선 보합권, 개인·외인 '팔자'	현대모비…	아시아경제
2012/10/18 13:28:43	코스피, 오름폭 반납해 강보합…기관 '사자'	POSCO,기…	한국경제
2012/10/18 12:58:06	외국계 순매수,도 상위종목(코스피시장) 금액기준	대우인터…	인포스탁
2012/10/18 12:57:24	외국계 순매수,도 상위종목(코스피시장) 수량기준	한국타이…	인포스탁
2012/10/18 12:55:06	[55분시황]기관 차익실현 '팔자'··· 코스닥 약세	SK이노베…	머니투데이

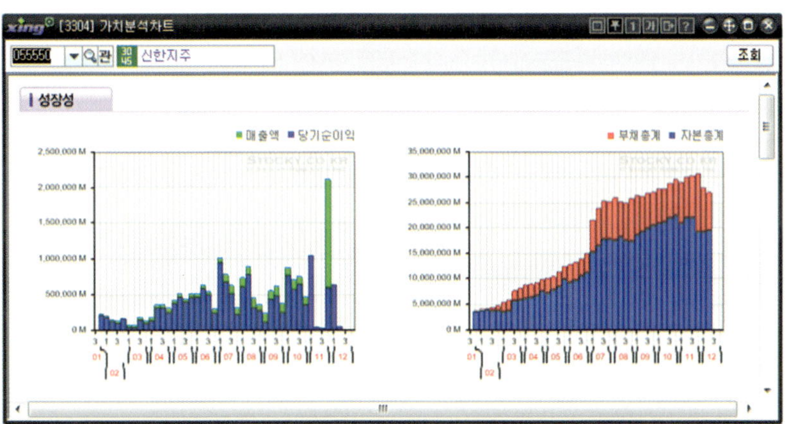

>>> 기본적 분석 화면에서 회사의 사업 내용, 분야별 매출 구성과 시장점유율, PER 등의 다양한 지표, 재무제표, 배당정보 등 정보를 볼 수 있다. 다만, 여기에서 제공되는 EPS, BPS, PER, PBR, PEG 등은 미래 예상치 기준이 아닌 최근 결산 자료 및 현재 가격의 값을 기준으로 한 것이므로 이 자료로 미래의 주가를 예측하는 데는 다소 무리가 있다. 참고로 가치분석 차트(3304) 화면에서는 성장성 분석, 수익성 분석, 안정성 분석, 가치분석과 관련한 지표들의 기간별 그래프를 볼 수 있다.

① 배당금

: 회사가 수익이 발생했을 경우 주식 소유자에게 주는 이익 분배금

② 배당수익률

: 배당수익률 = (주당배당금 ÷ 현재 주가) x 100

앞의 결산기(전기)와 동일한 배당률로 배당한다고 가정하여 현재 가격으로 주식을 매입하여 결산기 말까지 보유할 때 몇 %의 배당수익을 얻을 수 있을까 예상하는 지표다.

③ PER(주가수익률, price-earnings ratio)

: PER = 주가 ÷ 1주당 예상순이익

주가가 1주당 순이익의 몇 배의 가치로 매매되고 있는가를 표현한 지표이다.

해석_ PER가 낮으면 저평가, PER가 높으면 고평가

④ PBR(주가순자산배율, price on book-value ratio)

: PBR = 주가 ÷ 1주당 예상순자산

주가가 1주당 순자산의 몇 배의 가치로 매매되고 있는가를 표현한 것으로 PER과 함께 주가의 상대적 수준을 알아보는 대표적인 지표이다.

해석_ PBR이 낮으면 저평가, PBR이 높으면 고평가

⑤ EV/EVITA(현금흐름배수)

: EV/EVITA = (시가총액 + 순차익금) ÷ (영업이익 + 감가상각비 등 비현금성 비용 + 제세금)

시가총액 대비 현금을 창출해 낼 수 있는 능력을 측정할 수 있는 기업가치 평가지표이다.

해석_ EV/EVITA가 낮으면 저평가, EV/EVITA가 높으면 고평가

주로 동일 업종 간의 PER, PBR, EV/EVITA 등의 값을 비교함으로써 상대적으로 저평가 혹은 고평가 되었다고 판단하는 방법이 일반적으로 사용된다.

⑥ PEG(주가수익증가율, price earning to growth ratio)

: PEG = PER ÷ EPS

PEG가 1보다 작으면 EPS 증가율보다 주가상승률이 낮아 앞으로 성장 가능성이 높다고 해석된다.

⑦ EPS(주당순이익, earning per share)

: EPS = 당기순이익 ÷ 발행주식수

주가의 수익성을 나타내는 지표로 EPS가 높다는 것은 수익성이 좋다는 것을 의미하므로 배당 여력도 많아지게 된다. 따라서 투자 가치가 높다고 평가할 수 있다.

⑧ BPS(주당 순자산가치, book-value per share)

: BPS = 순자산(자산-부채) ÷ 발행주식수

기업의 건실성을 나타내는 지표로 BPS가 높을수록 실제 투자 가치가 높다는 것을 의미한다. 참고로 BPS는 기업이 청산될 때 주주들의 몫으로 순수하게 남을 수 있는 자산이 어느 정도인가를 판단하는 지표이기도 하다.

⑨ ROE(자기자본수익률, return on equity)

: ROE = (당기순이익 ÷ 평균자기자본) x 100

투입한 자기자본으로 얼마만큼의 이익을 냈는지를 나타내는 지표이다. ROE가 높다는 것은 자본 대비 이익을 많이 냈다는 것을 의미함으로 투자 가치가 높다고 할 수 있다. (HTS에서는 PER, PBR 등은 미래 예상치 기준이 아닌 가격의 값을 기준으로 한 것임)

※상장 기업 분석

[HTS 상단메뉴] 투자정보 〉 기업 분석 〉 상장 기업 분석(3301)에 들어가면 보다 다양하고 상세한 기업 분석 자료를 볼 수 있다.

20

우량주와 장기투자

>>>>>>>>>>> 장기투자는 기업의 수익성, 성장성, 안전성의 가치를 바탕으로 하는 우량주에 장기간 투자하는 것으로 안정적인 수익률이 보장된다는 장점이 있다. 이 장에서 장기투자의 종목 선정, 투자 시기 등을 살펴보도록 하자.

외국인과 기관에게서 배우는 투자기법

한국거래소에 자료에 의하면 2009년 6월 말 이후 9월 16일까지 코스피지수 상승률이 21.1%로 고공행진을 할 동안 개인투자자가 가장 많이 매수한 상위 20개 종목의 평균 상승률은 4.7%에 불과했다. 반면 외국인은 평균 수익률이 36.3%, 기관은 30.5%였다. 이처럼 외국인과 기관은 늘 개인에 비해 월등히 높은 수익률을 보인다. 따라서 외국인과 기관의 투자 형태를 파악하면 시장에서 높은 수익률을 낼 수 있는 방법을 배울 수 있다.

외국인과 기관은 가치투자, 성장성 투자, 배당수익투자를 기반으로 하는 장기투자를 하고 있다. 이는 기업가치 중 수익성, 성장성, 안정성을 우선 고려 대상으로 하는 투자 형태이다. 그래서 그들이 우선적으로 선택한 종목은 대형 우량주이다.

2009년 상반기 유가증권시장의 외국인 지분율과 실적 현황을 보면 그 투자 형태가 분명하게 나타난다. 외국인이 지분을 40% 이상 보유하고 있는 24개 종목의 전체 순이익 비중이 39.63%인데 반해 외국인 지분율 10% 미만 394개 종목은 전체 순이익 비중이 10.82%에 불과했다. 이는 한 종목당 전체 순이익 비중으로 따지면 무려 60배에 가까운 수치다. 영업이익률 또한 6.11%와 4.02%로 외국인이 지분을 많이 갖고 있는 기업이 좋은 결과를 보였다. 이는 외국인의 투자 기반이 기업의 수익성에 있음을 알 수 있다. 뿐만 아니라 부채비율도 낮아 안정성이 높은 기업에 더 많은 투자를 하고 있음을 알 수 있다. 결국 수익성과 안정성에서 우수한 대형 우량주에 집중력으로 투자한 것이다.

지분율	종목수	전체 순이익 비중	영업이익률	부채비율
40%이상	24개 사	39.63%	6.11%	50.31%
10%미만	394개 사	10.82%	4.02%	144.96%

>>> 2008년 상반기, 출처 : 한국거래소

2008년 말 기준으로 투자 주체별 보유 단가는 외국인(3만 1천 원), 기관(2만 6천 원), 일반법인(1만 5천 원), 개인(5천 원)으로 나타났다. 외국인과 기관은 고가 우량주에 집중한 반면에 개인들은 저가주에 매달리고 있었다는 의미이다. 이러한 형태는 과거에서부터 현재까지 이어지고 있고 그 결과가 현격한 수익률의 차이로 나오고 있다.

장 을 이 끄 는 매 매 주 체 는 누 구 일 까 ?

가치투자

자산가치나 수익가치에 비해 주가가 저평가되어 있는 종목에 투자하는 것이다.

성장성 투자

동업종 간 매출액 증가율, 이익 증가율 등의 성장성 지표가 높은 종목을 찾아 투자하는 것이다.

배당수익투자

배당은 기업이 영업활동을 통해 이익이 일어나고 그 이익을 주주에게 배분하는 것을 말한다. 배당 수익투자는 이러한 배당을 많이 주는 종목에 투자하는 것이다.

장기투자의 원칙

장기투자의 기본 원칙은 안정된 기업의 주식을 파동의 골짜기인 저점에서 매수하여 장기간 보유하는 것을 말한다. 중요한 키포인트는 '안정된 기업', '저점 매수', '장기간 보유'이다.

1) 저점 매수

> 투자기회는 근본적으로 경기 변동에 있고 경기 순환이 빠를수록 더 많다.
> — 마크 파버(Marc Faber)
>
> 주식을 사기로 마음먹었다면 언제 살 건지가 더 결정적인 잣대이다.
> — 앙트레 코스톨라니(Andre Kostolany)
>
> 대세를 거스르되 굴곡 지점에 촉각을 곤두세워라.
> — 조지 소로스(George Soros)

어느 시점이 저점인지를 판단한다는 것은 매우 힘들다. 하지만 한 가지 확실한 것은 저점 매수를 하기 위해서는 대세를 거슬러 생각해야 한다는 것이다. 저점은 주가 폭락의 공포 속에서 만들어지기 때문에 여기저기에서 주식 관련한 좋지 못한 소식으로 도배되고 주변에 주식 때문에 망했다는 소리가 들릴 때가 저점 매수의 기회가 된다. 이는 장이 이끄는 주도 세력인 외국인과 기간이, 우량주를 중심으로 개인투자자들의 실망매물을 서서히 매수해 들어가는 시점이다. 즉, 외국인이나 기간의 우량주 보유량이 감소에서 증가추세로 전환될 때인 것이다. 장세분석이나 다우의 추세이론을 활용하는 것도 좋은 방법이다. 예를 들어 시장 구분으로 보면 역실적장세 말기나, 다우이론으로는 제1국면인 매집국면이 매수의 저점 매수의 최적정기라고 할 수 있다.

물론 이러한 경기 침체기에 현금을 보유하고 있는 개인은 많지 않을 뿐만 아니라 당장의 불안한 미래를 대비해야 하므로 투자 여유가 없을 가능성이 높다. 그래서 개인은 평소에 안정적인 현금을 보유하려고 노력해야 한다. 기회임을 알면서도 투자를 못 한다면 얼마나 안타까운 일인가?

결국, 투자 시기를 놓친 개인은 경기가 좋은 상승장에서 단기투자로 승부를 보게 되고 상승장의 마지막 승부에서 외국인과 기관에게 물리면서 장을 빠져나오게 된다.

2) 안정된 기업

> 소형주보다는 대형주의 수익률이 훨씬 높다.
> 시장지수에 포함된 유명한 대기업을 골라라.
> EPS(주당순이익)가 꾸준히 증가하고 배당이 높은 종목을 노려라.
> 많이 오른 기업일수록 더 오를 확률이 높다.
> PSR(주가매출액비율)이 낮은 저평가주를 골라라.
> — 제임스 오쇼너시(James O'shaughnessy)

장기간 투자하기 위해서는 기업실적의 건실성과 지속성이 좋은 종목을 찾아야 한다. 여러 가지 방법이 있다. 예를 들어 제임스 오쇼너시 전략을 응용해 보자. '시가총액 30위 안에 드는 종목 중 배당수익률 상위 10종목에 분산투자를 한다. 1년 뒤 배당수익률이 1위 ~ 10위에 들어오지 못한 종목은 매도하고 새롭게 진입한 종목을 매수한다.' 참고로 오쇼 너시는 다우지수 30개 종목 중에서 선택하였다.

시가총액 30위 기업 대신에 업종을 대표하는 주도주로 대체해도 된다. 주도주는 시가 총액에서도 상위권에 위치하고 있지만 동일 업종 평균 대비 주가도 많이 오른 종목이기 도 하다. 이는 제임스 오쇼너시가 상대 강도를 이용해 자료검증을 한 '많이 오른 기업일 수록 더 오를 확률이 높다'는 말과 비슷한 투자방법이다. 또 한국증시를 가장 대표적으 로 보여줄 수 있는 종목을 35개 안팎으로 선정하여 만들 FTSE Value-Stocks Korea Index (www.ftse.com, 메뉴 indices → FTSE Value-Stocks Indices → Index Change로 들어가 나열된 리스트 중 가장 최근의 FTSE Value-Stocks Korea Index Review로 종목 확인 가능)에 포함되어 있는 종목을 중심으로 선택하는 것도 좋은 방법 이 될 것이다.

3) 장기 보유

장기투자라고 해서 무조건 오랫동안 쥐고 있으면 되는 것은 아니다. 시장환경과 기업 환경은 늘 변하기 마련이므로 분기별로 점검해야 한다. 하지만 개인투자자에 있어 이보다 더 중요한 것이 있다. 바로 마음자세이다. 열의 아홉은 단기 변동에 불안해하고, 심리전에 밀리고, 분위기에 휩쓸리다 결국 기다리지 못하고 매도 후 새로운 종목으로 갈아탄다. 코스톨라니의 말처럼 증권시장은 90%가 심리학으로 이뤄진 예술영역이다. 따라서 인내력에 자신이 없다면 사색가처럼 분위기와 컴퓨터로부터 멀리 떨어져 있어야 장기투자를 할 수 있다. 다시 한 번 강조하지만 장기투자를 원하는 개인투자자에게 있어 가장 중요한 것은 여유로운 자세이다.

종목명	현재가	대비	등락율	거래량	거래비중	시가총액	비중	외인비중
삼성전자	1,337,000 ▲ 1,000		0.07	153,525	0.03	1,969,392	17.22	50.67
현대차	230,500 ▲ 1,000		0.44	278,160	0.06	507,737	4.44	45.42
POSCO	357,500 ▲ 2,500		0.70	79,901	0.02	311,693	2.73	52.34
현대모비스	306,500 ▲ 9,000		3.03	147,253	0.03	298,359	2.61	50.11
기아차	68,200 ▲ 900		1.34	812,206	0.16	276,458	2.42	34.29
LG화학	329,000 ▲ 5,000		1.54	171,588	0.03	218,032	1.91	34.68
현대중공업	248,500 ▲ 8,500		3.54	302,013	0.06	188,860	1.65	19.11
삼성생명	93,800	0	0.00	66,710	0.01	187,600	1.64	10.32
신한지주	38,600 ▲ 600		1.58	1,186,840	0.24	183,041	1.60	63.37
삼성전자우	785,000 ▲ 2,000		0.26	14,364	0.00	179,242	1.57	82.47
한국전력	27,750 ▼ 750		-2.63	1,526,894	0.31	178,145	1.56	25.86
SK하이닉스	23,450 ▼ 50		-0.21	2,221,381	0.45	162,772	1.42	24.45
SK이노베이션	164,000 ▲ 5,000		3.14	341,275	0.07	151,644	1.33	36.32

장 을 이 끄 는 매 매 주 체 는 누 구 일 까 ?

⌐ PSR(주가매출액비율, price sales ratio)

주가를 주당매출액으로 나눈 값으로 수치가 낮을수록 저평가되었음을 의미한다.
말한다. 배당수익투자는 이러한 배당을 많이 주는 종목에 투자하는 것이다.

업종 대표주

업종 대표주는 시가총액, 재무구조, 부채비율, 시장점유율, 브랜드파워 등, 다양한 항목에서 동 업계 우위에 있으며 주가의 상승을 주도하는 종목이다. 대개 우리가 잘 알고 있는 대기업인 경우가 많고 외국인이나 기관의 보유 비율이 높은 편이다.

2012년 기준으로 예를 들면 가스유틸리티(한국가스공사) / 가정용품(LG생활건강) / 건설(현대건설, GS건설) / 건축자재(KCC) / 게임소프트웨어(엔씨소프트) / 광고(제일기획) / 교육서비스(메가스터디) / 기계(두산중공업) / 도로와철도운송(현대글로비스) / 레저(하나투어) / 무선통신(SK텔레콤) / 반도체(삼성전자) / 백화점(롯데쇼핑) / 보험(삼성화재) / 비철금속(고려아연) / 사무용전자제품(신도리코) / 상업서비스(에스원) / 석유와 가스(SK) / 섬유/의류/신발(영원무역) / 소프트웨어(안랩) / 식품(CJ, 오리온) / 은행(신한지주, KB금융) / 음료(롯데칠성) / 인터넷(NHN) / 인터넷과홈쇼핑(CJ오쇼핑) / 자동차(현대차) / 자동차부품(현대모비스) / 전기장비(LS) / 제약(유한양행) / 조선(현대중공업) / 증권(대우증권, 삼성증권) / 철강(POSCO) / 통신(KT) / 항공사(대한항공) / 해운사(현대상선) / 화장품(아모레퍼시픽) / 화학(LG화학) 등이다.

투자의 귀재들에게서 배운다

니콜라스 다비스 (Nicolas Darvas)
박스권 매매 기법의 만든 기술적 분석가

+ 나의 비법은 손실이 10%를 넘지 않도록 하는 것이다.
+ 주가는 어디로 튈지 모르는 공이 아니다. 방향이 결정되면 그걸 유지하려는 경향이 강하다.
+ 여러 종목의 단기매매를 지양하고 한 종목의 상승 주식을 장기 보유하라.
+ 투자 전문지의 추천 종목을 따라하지 말라.
+ 대표 저서 : How I Made $2,000,000 in the Stock Market (나는 주식투자로 250만 불을 벌었다), Wall street the other Las Vegas (어메이징 박스이론)

마티 슈발츠 (Marty Schwatz)
9년간 연평균 210%를 기록한 손절매의 달인

+ 매수 결정을 할 땐 손실폭을 명확히 정하라.
+ 증권시장은 전쟁터이다. 잘못 판단했을 땐 인정하고 바로 손절매하라.
+ 주식은 시장과의 싸움이 아니라 자신과의 싸움이다.
+ 이동평균선을 거역하는 것은 자살행위이다.

윌리엄 J. 오닐 (William J. O'Neil)

지지 않는 실전 게임의 명승부사

+ 차트는 정보의 보고다

+ 손절매만이 주식투자를 위해 들 수 있는 유일한 보험이다.

+ 주식시장에서 빈털터리가 되는 가장 빠른 방법은 자신이 옳고 시장이 틀렸음을 증명하려는 것이다

+ 세상에 좋은 주식이란 없다. 주가가 오르지 않는 한 모두 나쁜 주식일 뿐이다.

+ 대표 저서 : How to Make Money in Stocks : A Winning System in Good Times and Bad(최고의 주식 최적의 타이밍)

제럴드 로브 (Gerald Loeb)

단기투자 증권왕

+ 변동성이 큰 대형주에 주목하라.

+ 손절매는 주식시장에서의 유일한 바른 행동이다.

+ 계좌잔고엔 늘 주식보다 현금을 더 많게 하라.

+ 주식시장을 결정짓는 가장 중요한 요인은 대중의 심리다.

+ 대표 저서 : The Battle for Investment Survival (목숨을 걸고 투자하라)

STEP

04

기술적 분석으로 주가 예측하기

21

차트로 미래의 주가를 예측한다

>>>>>>>>>>> 기술적 분석은 주가차트를 중심으로 주가의 미래를 분석하는 방법이다. 주가차트에는 시가, 고가, 저가, 종가, 거래량을 기반으로 하는 다양한 그래프와 분석도구가 포함되어 있다. 이를 바탕으로 기술적 분석의 기초를 다져 보도록 하자.

기술적 분석이란?

주가는 궁극적으로 기업의 미래 가치와 동반하게 된다. 즉, 미래 가치가 있으면 주가는 결국 올라갈 것이고 미래 가치가 없으면 내려간다는 의미이다. 하지만 여기에는 두 가지 맹점이 있다. 하나는 '미래 가치에 대한 평가를 개인투자자의 능력과 시간으로 가능하겠는가?'이고, 다른 하나는 '그 가치가 언제 주가에 반영될 것인가?' 하는 것이다. 두 질문에 긍정적으로 답할 수 있는 전문가는 모두 사기꾼이다.

그렇게 그 기업의 미래 가치가 좋다면 조용히 매수하고 먼 미래를 기다리고 있으면 되지 왜 온갖 전문가를 다 동원해서 언론에 알리고 떠들고 할까? 세상 사람들 모두 알아들을 수 있도록 말이다. 그것은 바로 주가가 수급(수요와 공급)의 원리로 움직이기 때문이다. 즉, 사려고 하는 사람이 많아야 주가는 올라가고 반대로 팔려는 사람이 많으면 주가는 내려가는 것이다. 많은 사람들이 알아야 자신들이 매수한 종목의 주가가 움직이기 때문이다.

바로 '주가는 시장의 수요와 공급에 의해서 결정된다'는 가정 아래에서 출발한 것이 기술적 분석이다. 이는 과거 주가와 거래량 등의 자료를 이용하여 주가 변화의 추세를 찾아내서 미래의 주가를 예측하는 방법이다. 즉, 매수세와 매도세의 힘겨루기와 심리전의 결과로 만들어진 그래프를 보고 추세가 상승 중인지 하락 중인지를 판단한다. 그런 후 상승 중이던 주가가 어느 시점에서 하락추세로 전환할 것인지, 하락 중이던 주가가 어느 시점에서 상승추세로 전환할 것인지를 예측하는 것이다. 이러한 예측이 가능한 것은, 주가의 흐름에는 지속성, 반복성, 회귀성 등의 특성이 있기 때문이다.

지속성 : 주가는 관성처럼 외부에 힘을 가하지 않는 한 진행방향을 유지하려는 경향이 있다. 즉, 상승추세 중인 주가는 그 상승추세를 유지하려고 하고 하락추세 중인 주가는 그 하락추세를 유지하려고 한다.

반복성 : 주가는 특정 상황에서 과거의 형태를 반복하게 되는데 예를 들면 하락추세 중이던 주가가 W자 형태의 그래프를 만들었다면 상승추세로 전환될 가능성이 높다. 이유는 과거에 주가는 W자 패턴에서 그런 양상을 띠었기 때문이다.

회귀성 : 주가가 이동평균선을 중심으로 과다하게 위나 아래로 움직일 경우, 안정된 값인 이동평균선으로 회귀하려는 경향이 있다. 즉, 주가는 이동평균선을 중심으로 파동을 그리면서 움직인다.

여기에서 중요한 것은 주가의 이러한 세 가지 특징이 수급의 논리, 즉 거래량이 동반되었을 때 더욱더 확실하게 나타난다는 것이다. '주가는 그림자이고 거래량은 실체이다'라는 말이 기술적 분석에 있어 최고의 명언이 된 것은 바로 이 때문이다.

선차트와 점차트

선차트는 주가를 시간적 흐름에 따라 하나의 연속된 선으로 표현한 것이다. 종가를 선으로 연결한 종가선 차트, 이동평균값을 선으로 연결한 이동평균선 등이 여기에 속한다. 점차트는 시간적 흐름을 무시하고 주가만을 다양한 방법으로 표현한 차트로 P&F(Point & Figure), 삼선전환도가 대표적이다.

>>> HTS 〉지표사이드바 메뉴 〉차트 형태에 들어가면 종가선 차트, 삼선전환도, P&F, 매물대 등, 다양한 차트를 볼 수 있다.

22

대표적인 주가차트인 봉차트

>>>>>>>>>> 기술적 분석은 주가차트와 거래량지표를 중심으로 이루어진다. 특히, 주가의 변화를 알 수 있는 주가차트에는 주가를 시간적 흐름에 따라 하나의 선으로 표현한 선차트와 막대기 모양으로 표현한 봉차트, 시간적 흐름을 무시하고 가격만을 표현한 점차트 등이 있다. 이 장에서는 가장 널리 사용되고 있는 봉차트에 대해 알아보자.

봉차트

하루 동안의 주가 변화를 막대모양으로 표시하고 일정 기간 동안 이 막대를 연속적으로 그린 것이 봉차트(candle chart)이다. 봉차트에는 일본식과 미국식이 있는데 일본식 차트의 경우 막대에 시가(시작가격), 종가(마감가격), 고가(최고가격), 저가(최저가격) 등, 4개의 가격이 표현되어 있고, 미국식 차트는 고가, 저가, 종가 등, 3개의 가격이 표현되어 있다. 국내는 많은 정보를 담을 수 있는 일본식 봉차트를 주로 사용한다.

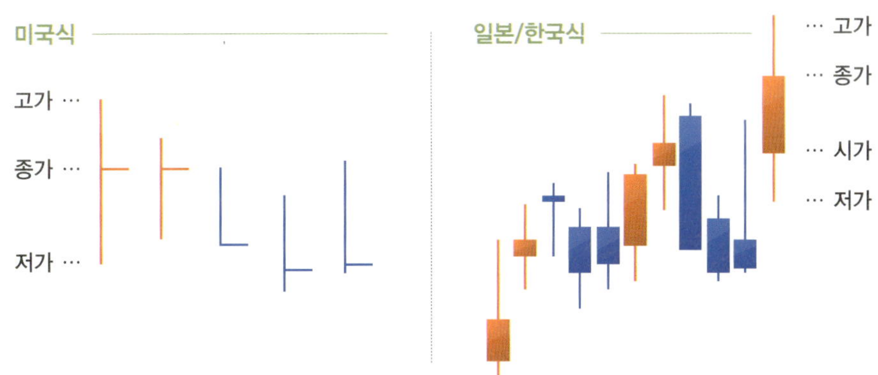

봉차트는 작성 기간에 따라 분봉차트, 일봉차트, 주봉차트, 월봉차트 등으로 나뉜다. 분봉은 분, 일봉은 하루, 주봉은 1주일, 월봉은 1개월 단위의 주가 흐름을 표현한 것이다.

봉 그리기

봉차트의 막대모양의 기본 모형인 봉에는 시가, 종가, 고가, 저가 등의 정보들이 담겨 있다.

시가 : 주식시장이 시작할 때 형성되는 시작가격 (opening price)

종가 : 장 마감 때 형성된 가격 마지막 가격 (closing price)

고가 : 하루 동안의 가장 높은 가격으로 길이는 주가의 크기를 의미한다.
　　　 (high of each bar)

저가 : 하루 동안의 가장 낮은 가격으로 길이는 주가의 크기를 의미한다.
　　　 (low of each bar)

1) 양봉 (시가 〈 종가)

양봉은 종가가 시가보다 큰 경우이다.

ⓐ 하루 동안의 주가는 장이 시작할 때의 가격인 시가에서 출발한다.

ⓑ 주가가 올라 장이 마감할 때 가격인 종가가 시가보다 높다. 이때, 시가와 종가 사이를 붉은색 막대로 표현한다.

ⓒ 장중에는 하루 동안 최고가, 최저가가 존재한다. 이를 막대 위아래로 선을 그어 표현한다.

2) 음봉 (시가 〉 증가)

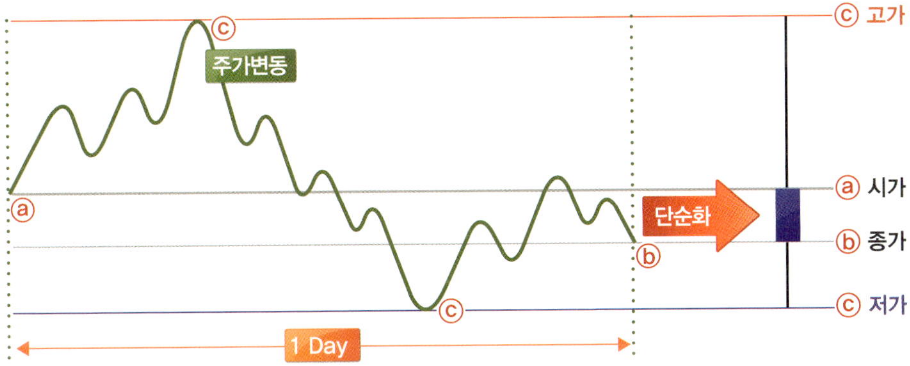

음봉은 종가가 시가보다 낮은 경우이다.

ⓐ 하루 동안의 주가는 장이 시작할 때의 가격인 시가에서 출발한다.

ⓑ 주가가 내려 장이 마감할 때 가격인 종가가 시가보다 낮다. 이때 시가와 종가 사이를 파란색 막대로 표현한다.

ⓒ 장중에는 하루 동안 최고가, 최저가가 존재한다. 이를 막대 위아래로 선을 그어 표현한다.

23

봉차트의 해석

>>>>>>>>>> 봉차트는 모양이 양초와 비슷하다 하여 영어로 캔들차트(Candle chart)라고 불린다. 이제부터 기술적 분석의 가장 기본이 되는 봉차트 분석방법을 배워보자.

양봉과 음봉

양봉은 시가보다 주가가 올라가 있는 경우이고 음봉은 시가보다 주가가 내려가 있는 경우를 말한다.

봉의 길이

1) 몸체의 길이

몸체는 시가와 종가 사이에 만들어진 사각형 박스를 말한다. 양봉(붉은색)의 몸체 길이가 길다는 것은 그날 상승세가 강하여 오름폭이 컸음을 의미하며, 반대의 경우인 음봉(파란색)의 길이가 길다는 것은 그날 하락세가 강하여 내림폭이 컸음을 의미한다. 앞에 것을 장대양봉, 뒤에 것을 장대음봉이라고 한다. 쉽게 말해 오름폭이 컸다는 것은 팔려는 사람(매도세)보다 사려는 사람(매수세)이 많았다는 것이라고 이해하면 된다. 그리고 양봉과 음봉의 길이가 짧을수록 매수세와 매도세가 거의 동등한 힘을 발휘하여 주가의 변동폭이 작았다는 것을 의미한다.

2) 그림자의 길이

그림자(꼬리)는 몸체 위아래로 만들어진 수직선을 말한다. 위쪽 수직선의 맨 위는 당일의 고가이고, 아래쪽 그림자의 맨 아래는 당일의 저가이다. 길이가 길수록 장중의 가격 변동폭이 컸다는 것이고 짧은 경우에는 가격의 움직임이 적었다는 것이다.

봉의 형태

1) 장대양봉

몸체가 긴 양봉 형태로 장이 시작했을 때부터 종료할 때까지 강한 매수세가 꾸준히 유입되면서 주가가 큰 폭으로 상승 마감했음을 알 수 있다. 이는 많은 거래량을 수반하며 바닥권에서 나타나면 하락추세에서 상승추세로 전환될 가능성이 높다는 신호이고 천정권에서는 하락추세로 전환을 의미하는 신호이다.

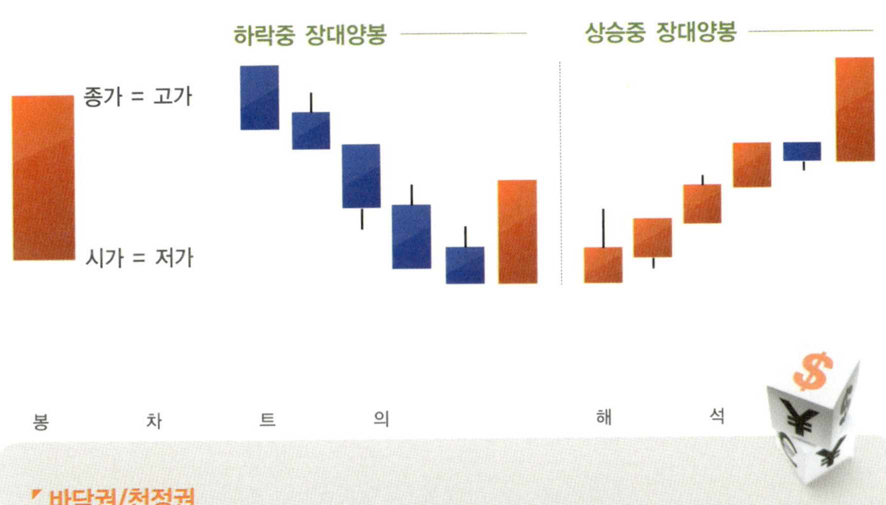

▶ 바닥권/천정권

주가가 더 이상 내려가기 어려울 만큼 낮은 상태의 범위를 바닥권이라고 하고 반대로 더 이상 올라가기 어려울 만큼 높은 상태의 범위를 천정권이라고 한다.

2) 망치형 양봉

장중에 주가가 시가 이하로 내려갔지만 다시 시가 이상으로 상승한 경우로, 바닥권이나 주가상승 초기에 거래량을 동반하면서 나타날 때 매수신호로 해석한다. 특히, T형태인 경우 더 강한 매수신호로 해석한다.

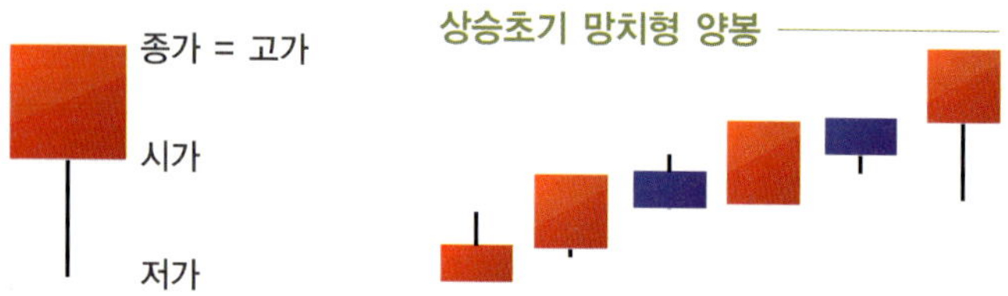

3) 샅바형 양봉

주가가 시가 대비 꾸준히 상승하다가 고가에서 매도세에 밀렸지만 여전히 시가보다 높은 가격으로 마감한 경우로 망치형 양봉과 마찬가지로 바닥권이나 주가상승 초기에 거래량을 동반하면서 나타날 때 매수신호로 해석한다.

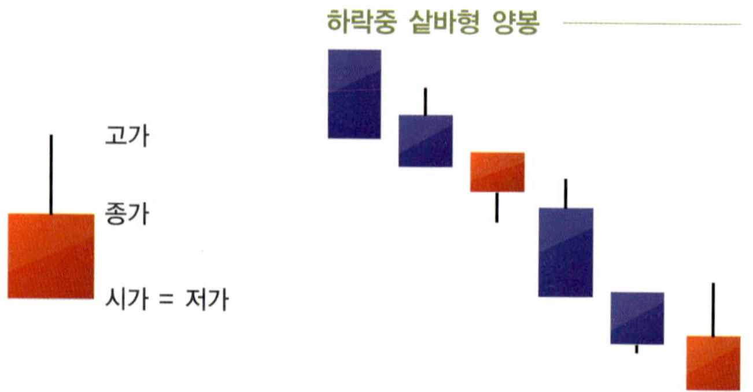

4) 샛별형 / 십자형

장중에 주가가 고가와 저가를 오고 가며 매도세와 매수세가 팽팽한 줄다리기 끝에 시가와 종가가 비슷한 지점에서 만난 경우로 천정권에서 추세반전이 예상되므로 관망하라는 중립신호로 해석한다.

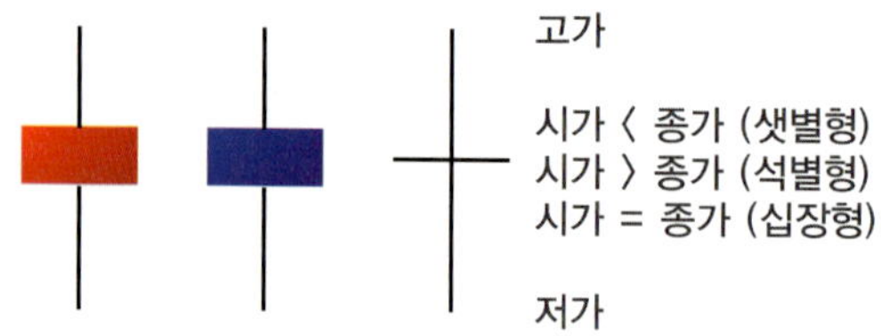

5) 장대음봉

몸체가 긴 음봉 형태로 장이 시작했을 때부터 종료할 때까지 강한 매도세가 꾸준히 유지되면서 주가가 큰 폭으로 하락 마감했음을 알 수 있다. 이는 많은 거래량을 수반하며 천정권에서 나타나면 상승추세에서 하락추세로 전환될 가능성이 높다는 신호이다. 바닥권에서는 추가 하락을 예상하고 무조건 팔고 보자는 식의 투매현상이 나타나는 경우에 많이 발생하고 이는 추가 하락 후 곧 반전이 있을 수도 있음을 의미하기도 한다.

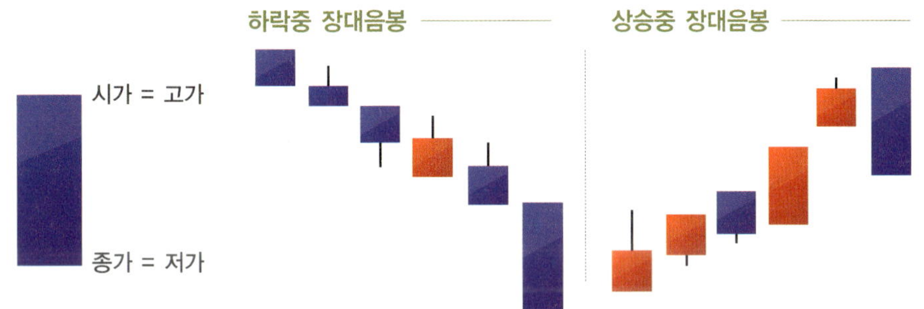

6) 교수형 음봉

주가가 시가 대비 하락하는 모습을 보이지만 매수세가 살아나면서 저가보다 높은 가격을 형성한 상태로 천정권에서 하락추세로 반전될 수 있는 매도신호이다.

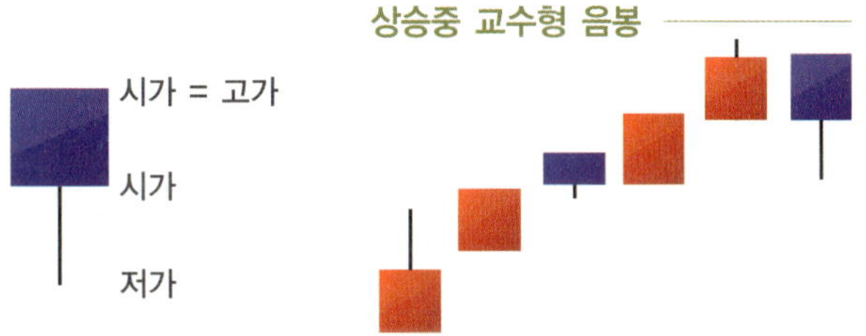

7) 유성형 음봉

주가가 시가 대비 상승하는 모습을 보이다가 결국 매도세에 의해 시가 아래까지 밀린 상태로 천정권에서 하락추세로 반전될 가능성이 높은 매도신호이다.

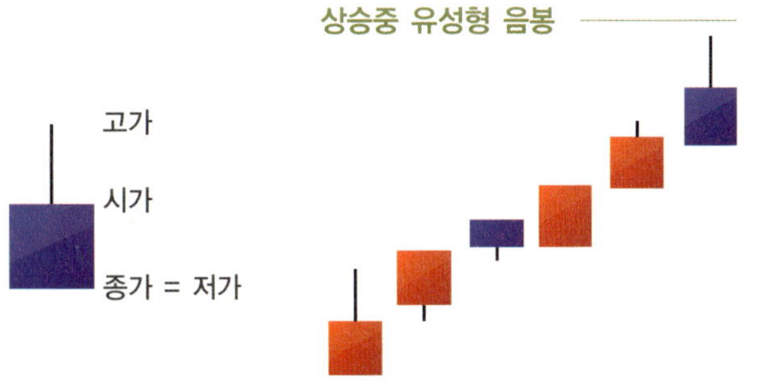

8) 점상 / 점하

점상은 주가가 전일 대비 상승한 상태에서 시가, 종가, 고가, 저가가 같은 경우로 거래량은 적지만 강력한 상승에너지를 지니고 있고, 점하는 주가가 전일 대비 하락한 상태에서 시가, 종가, 고가, 저가가 같은 경우로 강력한 하락에너지를 지니고 있다. 봉차트에서는 마치 하나의 점(−)으로 표현된다.

9) 장악형

[양봉 장악형 음봉]

전일의 장대양봉을 50% 이상 장악하는 장대음봉이 출현한 모습이다. 주로 천정권에서 강력한 하락전환 신호이며 봉신호 중에서도 신뢰도가 높다. 대부분 +시가출발(당일 시가가 전일 종가보다 높게 형성된 경우) 형태로 갭을 만들어 상승을 유도하는 출발을 시도하지만 짧은 시간에 매도세가 급격히 증가하면서 장대음봉을 그리는 경우가 많다.

[음봉 장악형 양봉]

당일의 양봉이 전일의 장대음봉을 50% 이상 감싸는 형태로 보통 '음봉을 장악한 양봉'이라는 표현을 사용한다. 특히, 바닥권에서 발생하면 상승반전의 신호일 가능성이 매우 높다.

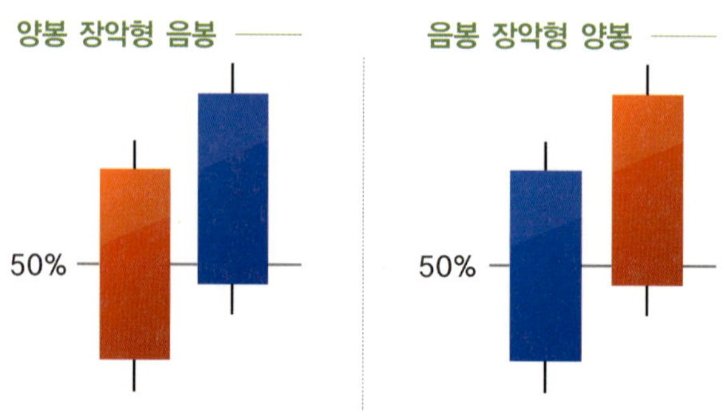

10) 갭상승 / 갭하락

갭(gap)은 전일 고가와 당일 저가 사이에 형성된 공간(갭상승), 혹은 전일 저가와 당일 고가 사이에 생긴 공간(갭하락)을 말한다. 상승 중이던 주가가 갭을 만들며 상승할 경우 추가 상승할 가능성이 높고 하락 중이던 주가가 갭을 만들며 하락할 경우 추가 하락이 있을 가능성이 높다.

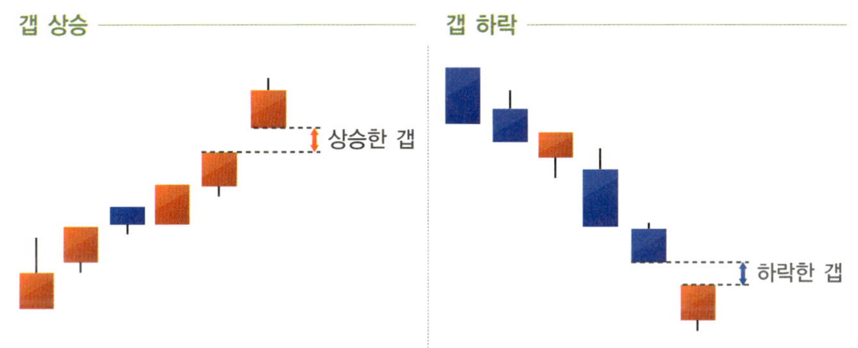

사케다 5법

　일본의 기술적 분석의 대가인 사케다가 만든 5가지 투자방법으로 '상승추세 혹은 하락추세에서 주가의 파동은 세 번 이하일 가능성이 높다'는 가정을 기반으로 한다. 그중 대표적인 것이 삼산(三山), 삼천(三川), 삼병(三兵)이다.

　삼산은 상승 중이던 주가 파동이 높이가 비슷한 3개의 봉우리(고점)를 만드는 경우로 강력한 매도신호이고 삼천은 하락 중이던 주가 파동이 높이가 비슷한 골(저점)을 만드는 경우로 강력한 매수신호이다.

　삼병은 3연속 양봉 혹은 음봉이 출현하는 경우로 바닥권에서 3연속 상승양봉이 출현하는 적삼병은 하락추세에서 상승추세로 전환을 의미하는 신호이고 반대로 천정권에서 3연속 하락음봉이 출현하는 흑삼병은 상승추세에서 하락추세로 전환을 의미한다.

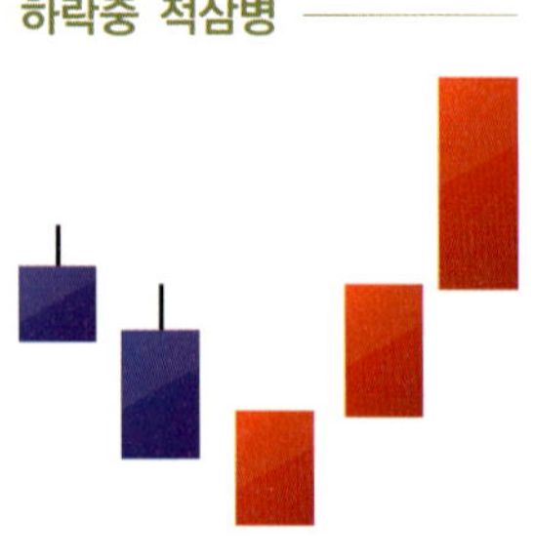

24

주가 흐름의 비밀라인 추세선

>>>>>>>>>> 주식투자에 있어 핵심 키워드는 언제, 얼마의 가격에, 사고파는가를 결정하는 것이다. 여기에서는 추세선, 지지선, 저항선을 통해 이러한 매수와 매도의 시기를 결정하는 방법을 살펴보자.

추세선이란?

오르락내리락 파동을 그리면서 움직이는 주가는 봉우리(고점)와 골짜기(저점)를 만들게 된다. 이때 고점은 고점끼리, 저점은 저점끼리 일직선으로 그으면 그 파동의 방향이 어디로 가고 있는지를 파악할 수 있다. 즉, 주가가 위로 상승하고 있는지 혹은 아래로 하락하고 있는지를 의미하는 추세의 방향을 읽을 수 있게 된다는 것이다. 이러한 일직선을 추세선이라고 한다.

추세선 그리기

추세선은 상승추세선일 때와 하락추세선일 때와 긋는 기준점이 다르다. 상승추세선은 저점을, 하락추세선은 고점을 기준점으로 한다. 이렇게 연결한 선의 기울기가 위로 향하면 상승추세가 되고 아래로 향하면 하락추세가 된다. 상승추세에서는 추세선을 기반으로 해서 주가가 치고 오르므로 지지선이라 부르고 하락추세에서는 추세선에 저항을 뚫지 못하면서 주가가 떨어지게 되므로 저항선이라고 부른다.

만약 주가가 지지선을 하향 돌파하게 되면 이 지지선은 더 이상 지지선이 아니고 저항선으로 역할 변경을 하게 된다. 반대로 주가가 저항선을 상향 돌파하게 되면 이 저항선은 지지선으로 바뀌게 된다.

> **상승추세선(지지선)** : 저점을 연결한 선의 기울기가 위로 향한다.
>
> **하락추세선(저항선)** : 고점을 연결한 선의 기울기가 아래로 향한다.
>
> **추세대(박스권)** : 저점을 연결한 지지선과 고점을 연결한 저항선을 동시에 그릴 때 발생하는 두 선 사이의 공간으로 기울기는 상관없다.

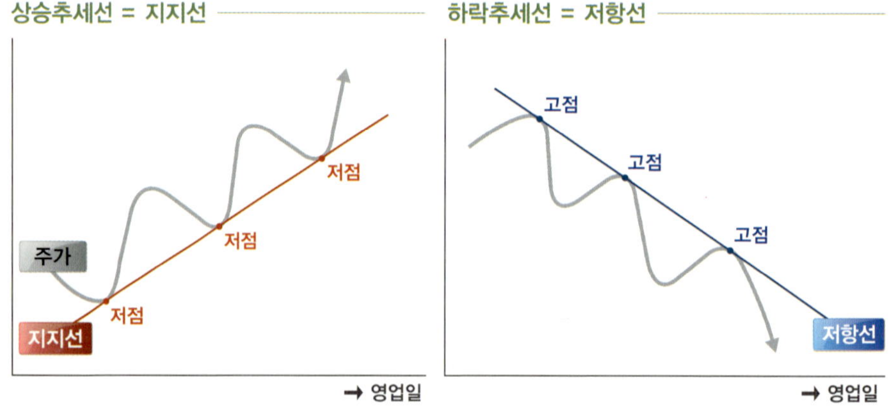

>>> 추세선은 상승추세의 지지선과 하락추세의 저항선이 있다. 왼쪽 그래프에서 추세선은 저점을 연결한 선이고 기울기를 보면 위로 향하고 있다. 이 아래로 가격이 내려가기 힘들다는 심리적 마지노선인 지지선이다. 오른쪽 그래프의 추세선은 고점을 연결한 하락추세선이다. 이 선의 저항을 받으면서 가격은 떨어지게 되는 저항선이다.

추세선으로 매매시점 잡기

1) 추세의 전환을 암시하는 추세이탈

> 상승추세선 하향 돌파(=추세지지선) : 매도신호
>
> 하락추세선의 상향 돌파(=추세저항선) : 매수신호

주가가 추세선을 상향 돌파하거나 하향 돌파하게 되면 추세가 전환될 가능성이 높다. 지지선 역할을 하는 상승추세선을 주가가 하향 돌파하면 하락추세로 전환될 가능성이 높아 매도시점을 의미하고(그림 왼쪽), 저항선 역할을 하는 하락추세선을 주가가 상향 돌파하면 상승추세로 전환될 가능성이 높아 매수시점을 의미한다(그림 오른쪽).

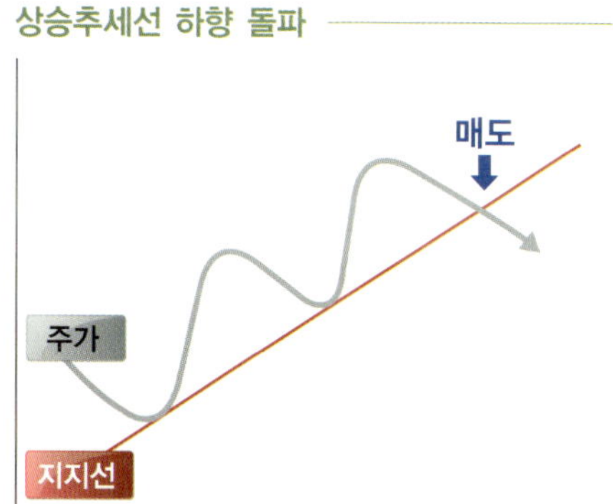

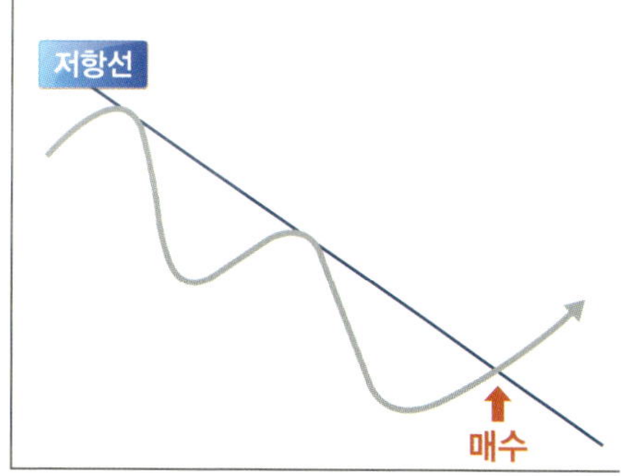

> 평행한 추세대의 저항선 상향 돌파 : 매수신호
>
> 평행한 추세대의 지지선 하향 돌파 : 매도신호

추세대는 저점을 연결한 지지선과 고점을 연결한 저항선을 동시에 그릴 때 발생하는 두 선 사이의 공간으로 삼각형, 역삼각형, 삼각형 등의 다양한 모양이 있을 뿐만 아니라 기울기도 우상향, 우하향, 평행한 상태 등 다양하다. 그중에서 신뢰도가 높은 것은 지지선과 저항선이 평행한 상태로 주가가 횡보 중인 추세대를 주가가 저항선을 상향 돌파할 때를 매수시점으로 잡는 것과(그림 왼쪽) 지지선을 하향 돌파하면 매도시점으로 잡는 것이다(그림 오른쪽).

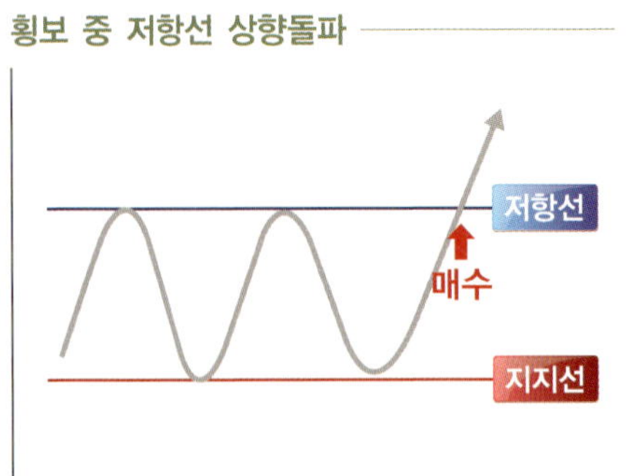

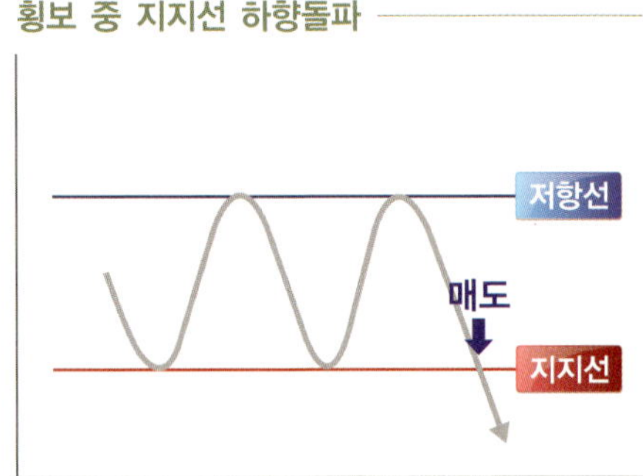

2) 추세대(박스권)에서의 매매시점

> 추세대가 형성된 이후 지지선에 근접할 때 : 매수신호
>
> 추세대가 형성된 이후 저항선에 근접할 때 : 매도신호

추세대는 주가가 갇힌 공간에서 안에서 움직이는 것이다. 따라서 주가가 지지선에 근접할 때 매수한 다음 저항선에 근접할 때 매도하는 방식의 매매가 가능하다. 주로 주가 상승 중에 발생한 추세대와 횡보 중에 발생한 평행한 추세대에서 승률이 높고 매수는 지지선에 근접할 때보다 지지선 근접 후 거래량을 동반하면서 반등할 때가 더 안전하다.

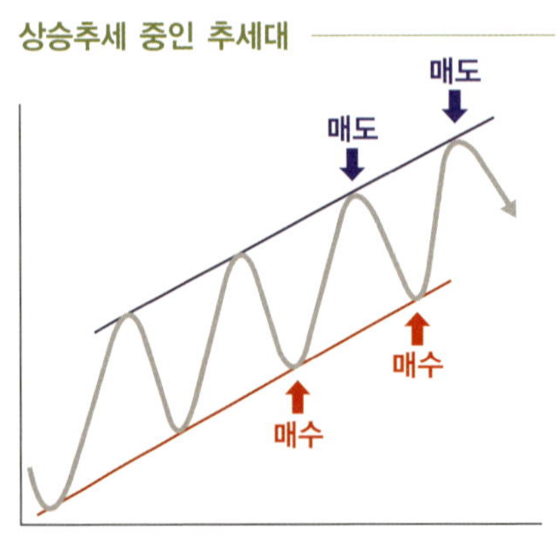

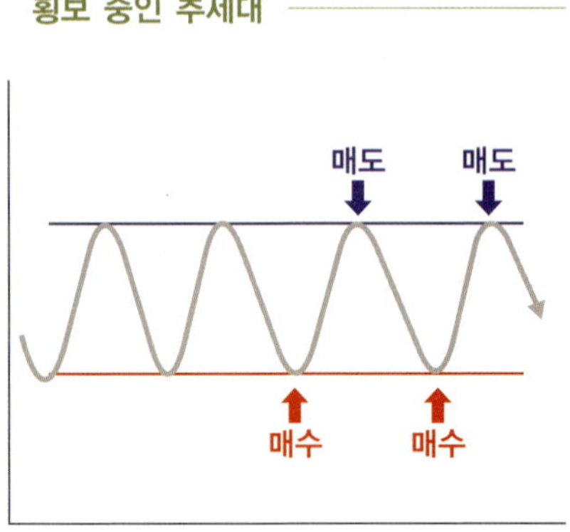

>>> 주가상승 중에 발생한 추세대(왼쪽)와 주가횡보 중인 추세대(오른쪽)에서 지지선에 근접할 때 매수하고 저항선에 근접할 때 매도하는 방법이 사용된다.

추세선 매매의 신뢰도 높이기

1) 거래량과 추세선

추세선을 그은 다음 거래량으로 이 선이 추세를 유지하는 힘이 어느 정도인지를 확인하는 것이 중요하다. 상승추세이건 하락추세이건 그 추세를 계속 유지하려면 거래량이 동반되어야 신뢰가 높기 때문이다.

2) 추세선의 기울기로 본 세력 강도

추세선의 기울기는 다양하다. 큰 기울기는 주가가 급격하게 움직였기 때문에 나타난 현상이고 이는 매수세나 매도세가 매우 강했음을 의미한다. 반대로 기울기가 완만하다는 것은 주가의 움직임 폭이 작았다는 것이고 이는 매수세가 매도세에 비해 그리 크지 않았다는 것을 의미한다. 즉, 추세선의 기울기는 세력 강도와 비례한다고 볼 수 있다. 예를 들어 기울기가 오른쪽 위로 가파르다면 매수세가 강력해 주가가 급등했다고 볼 수 있고 기울기가 오른쪽 아래로 가파르다면 매도세가 강력해 주가가 급락했다고 볼 수 있다. 참고로 가장 이상적인 상승추세의 기울기는 45도이다.

3) 장기 추세선이 단기 추세선보다 신뢰도가 높다.

긴 시간 동안 깨지지 않고 유지되는 추세선일수록 그 신뢰도가 높다. 긴 시간 동안 추세선은 저항선이나 지지선의 역할을 충실히 해오면서 여기까지 왔으므로 신뢰도가 높을 수밖에 없다. 이처럼 추세선은 기간이 길수록 신뢰도가 높아진다. 따라서 단기 추세선 〈 중기 추세선 〈 장기 추세선 순으로 신뢰도가 높다.

실제 차트에서의 예

추세선은 매우 중요하기 때문에 차트에서 많은 연습을 해야 한다. 그 방법은 한 종목을 선택한 후 아래 스크롤을 왼쪽으로 당겨 맨 마지막 과거일로 이동한 후, 추세선을 그어 이후 주가를 살피고, 다시 새로운 추세선을 긋고 이후 주가를 살피는 것을 반복하면 된다.

1) 상승추세선 : 지지선

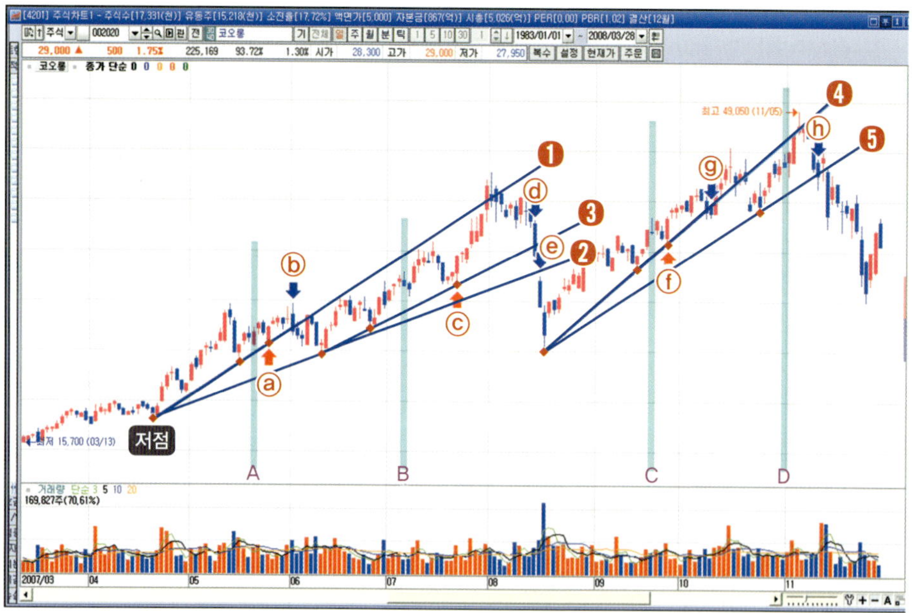

>>> 저점을 연결한 상승추세선은 지지선 역할을 하는 '**추세지지선**'이다.

– 오른쪽 도구 메뉴 중 '**직선추세선**'을 클릭한 후, 맨 아래의 저점을 클릭한 상태에서 드래그하여 이후 만들어진 저점과 연결이 되면 클릭을 푼다.

– 추세선의 위치를 변경하고 싶다면 직선의 중앙 부분을 클릭한 상태에서 드래그하면 되고, 마지막 끝 부분을 클릭하면 추세선의 각도를 변경할 수 있다.

– ❶번 추세지지선 : 오늘이 A지점이고 따라서 그 이후 주가는 어떻게 변했는지 모른다고 가정해 보자. 붉은색 점으로 표시한 저점 2개를 연결하면 ❶번 추세선이 그려진다. 그리고 이후 주가는 ⓐ지점에서 추세선의 지지를 받으며 반등을 한다. 이때가 매수포인트가 된다. 그리고 ⓑ지점에서 주가는 추세지지선을 하향 돌파함으로써 추세선은 지지선에서 저항선 역할로 바뀌게 된다. 따라서 매도포인트가 된다.

– ❸번 추세지지선 : 오늘은 B지점이라고 가정하자. ❷번과 ❸번 추세선을 그을 수 있다. 이해가 안 된다면 B지점 이후의 그림을 손으로 가려 보라. 직선으로 연결할 수 있는 저점이 보일 것이다. 이후 주가는 ⓒ지점에서 ❸번 추세지지선의 지지를 받으며 반등을 하므로 매수포인트가 되고 ⓓ지점에서 추세선을 하향 돌파했으므로 매도포인트가 된다. 그리고 ⓔ지점에서 ❷번 추세지지선이 무너졌으므로 매도포인트가 된다.

– ❹번 추세지지선 : 오늘은 C지점이다. ⓕ지점이 매수포인트이고 ⓖ지점이 매도포인트이다.

– ❺번 추세지지선 : 오늘은 D지점이다. ⓗ지점이 매도포인트이다.

2) 하락추세선 : 저항선

>>> 고점을 연결한 하락추세선은 저항선 역할을 하는 '**추세저항선**'이다.

– 오른쪽 도구 메뉴 중 '**직선추세선**'을 클릭한 후, 맨 위의 고점을 클릭한 상태에서 드래그하여 이후 만들어진 고점과 연결이 되면 클릭을 푼다.

– 추세선의 위치를 변경하고 싶다면 직선의 중앙 부분을 클릭한 상태에서 드래그하면 되고, 마지막 끝 부분을 클릭하면 추세선의 각도를 변경할 수 있다.

– ❶번 추세저항선 : 오늘이 A지점이고 따라서 그 이후 주가는 어떻게 변했는지 모른다고 가정해 보자. 붉은색 점으로 표시한 고점 2개를 연결하면 ❶번 추세선이 그려진다. 그리고 이후 주가는 ⓐ지점에서 추세선의 저항을 받으며 하락을 한다. 이때가 매도포인트가 된다.

그리고 ⓑ지점에서 주가는 추세저항선을 상향 돌파함으로써 추세선은 저항선에서 지지선 역할로 바뀌게 된다. 따라서 매수포인트가 된다. 이때 거래량이 커야만 반등을 위한 기본적인 에너지가 있다고 판단할 수 있다. 따라서 만약 적은 거래량으로 추세저항선을 상향 돌파했다면 이후 주가는 하락할 가능성이 높으므로 매수포인트가 될 수 없다.

25

이동평균선으로 매매시점 잡기

>>>>>>>>>> 이동평균선은 주가와는 달리 매우 안정된 값으로 이를 이용하여 주가의 흐름을 보고 매매포인트를 찾을 수 있다.

이동평균선(moving average, MA)

보통, 이평선이라는 약칭으로 더 많이 사용되는 이동평균선은 일정 기간 동안의 주가를 평균한 값인 이동평균값(moving average. MA)을 연결한 선을 말한다. 이 모든 값들은 대개 종가 기준으로 한다.

이평선의 특징은 들쭉날쭉한 주가를 평균화시켜 안정된 값으로 변경하였기 때문에 주가의 흐름을 객관적으로 볼 수 있다는 것이다.

이동평균선의 종류

과거 5일 동안의 이동평균값을 선으로 연결하면 5일 이평선(5평선)이라고 한다. 이를 과거 10일, 20일, 35일, 60일, 120일까지 확대시키면 각각 10일 이평선, 20일 이평선,

35일 이평선, 60일 이평선, 120일 이평선이 된다. 영업일로 따지면, 5일선은 1주일, 10일선은 2주, 20일선은 1개월, 60일선은 3개월, 120일선은 6개월의 기간이다. 이평선은 평균의 기간에 따라 단기, 중기, 장기 이평선으로 나뉜다.

단기 이평선 : 5일, 10일 이평선
중기 이평선 : 20일, 35일, 60일 이평선
장기 이평선 : 90일, 120일, 240일, 306일 이평선

***5일 이평선** : 단기 급등종목의 매도타이밍의 기준점으로 많이 사용되는 것이 5일 이평선이다. 주가가 이평선을 하향 돌파하는 시점이 매도타이밍이 된다.

***20일 이평선** : 이평선 중에서 가장 중심이 되는 것은 20일 이평선이다. 상승추세에서는 주가가 20일 이평선 위에서, 하락추세에서는 아래에서 움직이고, 보합일 때는 20일 이평선을 중심점으로 위아래 파동을 그리는 경우가 많기 때문이다.

***35일 이평선** : 하락추세에서 상승추세로의 전환을 확인할 때 기준점으로 많이 사용되는 것이 35일 이평선이다. 즉, 35일 이평값이 하락을 하다 추세 전환 시점에서 상승을 하고 있을 때 추세 전환이 확인된다고 판단하는 것이다. 그리고 상승추세에서 20일 이평선 근접한 후 반등하는 식으로 상승파동을 그리는 경우가 많으나 기관이나 외국인들이 세력을 떨치기 위해 35일 이평선까지 끌어내렸다 반등시키는 경우도 많기 때문에 상승추세에서 20일 이평선과 더불어 중요한 지지선의 역할을 한다.

***이외 중-장기 이평선** : 중-장기 이평선의 추세를 분석하는 것은 숲을 보는 것이므로 매우 중요하다. 주로 지지선 역할보다는 저항선 역할을 하는 경우가 많으므로 목표가를 결정할 때 유용하게 사용된다.

이동평균선의 해석

이평선들은 서로 겹치기도 하고 지나치기도 하는 등, 천태만상 다양한 모습을 보인다. 이런 모양에 따라 상승추세인지, 하락추세인지, 추세가 전환될 것인지, 지지선 역할을 하는지, 저항선 역할을 하는지 등을 파악할 수 있다. 기본적으로 단기, 중기, 장기 이평선은 각각 주가의 단기, 중기, 장기 추세를 예측하는 데 사용된다.

1) 상승추세

① **5일 이평추세선** : 단기 이평선(5일선)의 저점 연결한 추세선의 기울기가 오른쪽 위로 향할 경우

② **35일 이평선 상승전환** : 하락하던 35일 이평선이 2일 연속 상승하는 시점

③ **정배열** : 차트상에서 단기 이평선 – 중기 이평선 – 장기 이평선이 위에서부터 차례로 배열된 상태

　– 5일 이평선 〉 20일 이평선 〉 60일 이평선

　– 5일 이평선 〉 20일 이평선 〉 60일 이평선 〉 120일 이평선

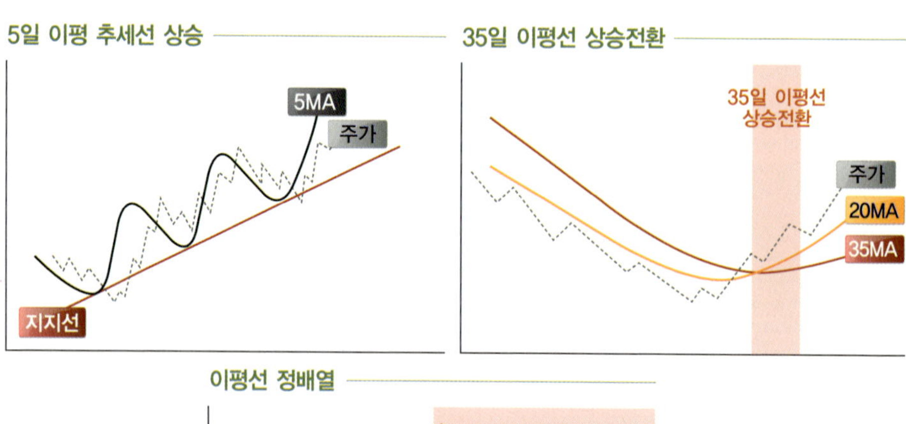

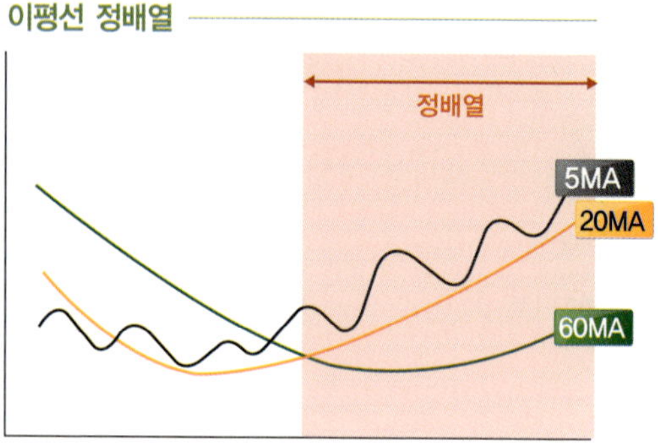

2) 하락추세

① **5일 이평추세선** : 단기 이평선(5일선)의 고점 연결한 추세선의 기울기가 오른쪽 아래로 향할 경우

② **35일 이평선 하락전환** : 상승하던 35일 이평선이 2일 연속 하락하는 시점

③ **역배열** : 차트상에서 장기 이평선 – 중기 이평선 – 단기 이평선이 위에서부터 차례로 배열된 상태

　　– 60일 이평선 〉 20일 이평선 〉 5일 이평선

　　– 120일 이평선 〉 60일 이평선 〉 20일 이평선 〉 5일 이평선

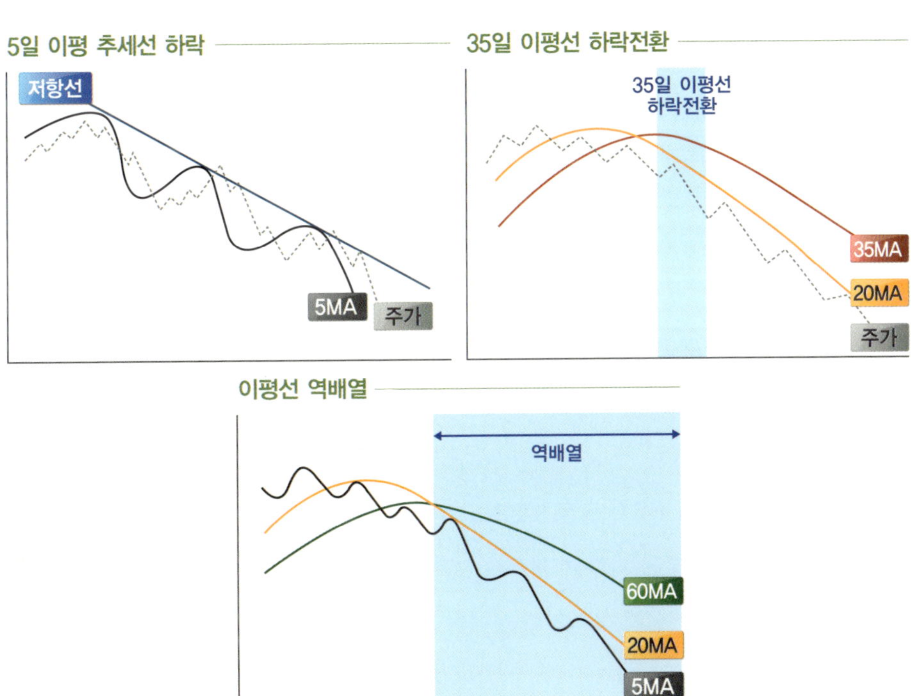

3) 추세 전환

① **이평선 골든크로스**

단기 이평선이 중–장기 이평선을 뚫고 위로 돌파하는 경우(상향 돌파)나 중기 이평선이 장기 이평선을 상향 돌파하는 경우로, 주가의 하락세가 마무리되어 상승추세로 접어들고 있음을 알려주는 전환신호이다.

② 이평선 데드크로스

단기 이평선이 중장기 이평선 아래로 돌파하는 경우(하향 돌파)나 중기 이평선이 장기 이평선을 하향 돌파하는 경우로, 주가의 상승세가 마무리되어 하락추세로 접어들고 있음을 알려주는 전환신호이다.

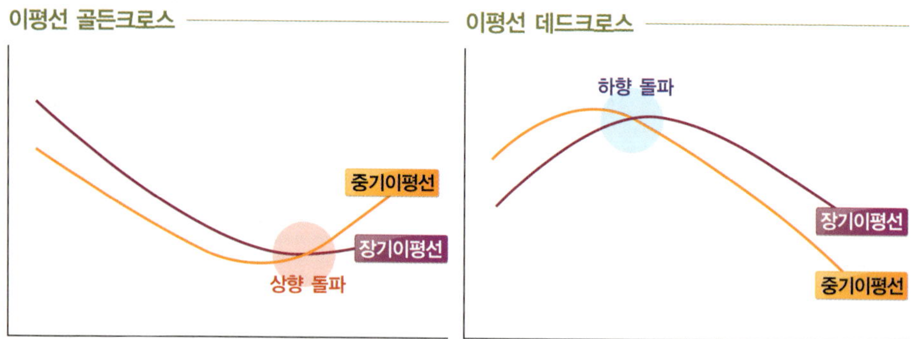

4) 저항선/지지선

이평선은 과거의 평균값을 연결한 선이다. 이 평균이 돌파되면 심리적으로 들떠 주가는 오를 것이고, 이 평균이 무너지면 심리적으로 위축되어 주가는 떨어지기 마련이다. 따라서 주가 흐름을 중심으로 보면 이평선은 지지선이자 저항선의 역할을 하게 된다.

① 저항선 상향 돌파 (주가 골든크로스)

주가가 이평선을 상향 돌파하는 경우로, 그동안 저항선으로 작용했던 이평선을 넘어섬으로써 주가의 상승에너지가 축적된 상태이다. 따라서 매수신호를 의미한다.

② 지지선 하향 돌파 (주가 데드크로스)

주가가 이평선을 하향 돌파하는 경우는 그동안 지지선으로 작용했던 이평선을 무너지면서 주가의 흐름이 심리적으로 위축되어 있는 상태이다. 따라서 매도신호를 의미한다.

③ 지지선 근접 반등

주가가 지지선에 근접한 후 다시 반등하는 경우로 추세선상 중–장기 상승추세에서 유효 값이 높은 매수신호이다.

④ 저항선 근접 하락

주가가 저항선에 근접한 후 저항선을 뚫지 못하고 밀리는 경우로 단기적으로 강한 매도신호이다.

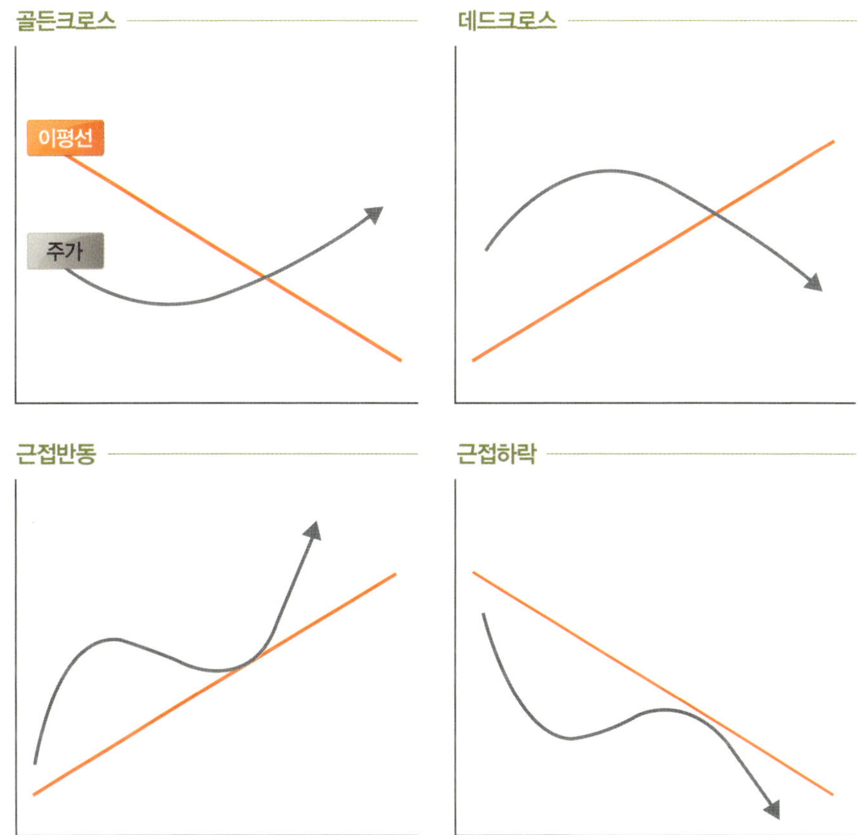

26

패턴으로
매매시점 잡기

>>>>>>>>>>>> 패턴은 차트에서 나타나는 특정한 모양이며, 이 모양에서 주가의 움직임은 정형화되어 움직일 가능성이 높다, 따라서 패턴을 이용하여 매매시점을 잡는 것이 가능하다. 여기에서는 간단하게 언급하고 기술적 분석 백서의 패턴항목을 참조하길 바란다.

주가패턴이란

주가는 다양한 모양의 곡선은 그리면서 움직이게 되는데, 특정한 모양에서는 일정한 형태로 주가가 변화하는 경향이 있다. 이러한 주가 곡선이 만들어 내는 특정한 형태를 패턴(pattern)이라고 한다. 크게 하락추세 전환형 패턴, 상승추세 전환형 패턴, 추세 유지형 패턴, 추세대(박스형) 패턴으로 구분한다. 중요한 것은 이러한 패턴은 추세선을 이용하여 매매포인트를 결정할 수 있다는 것이다. 따라서 패턴과 추세선의 연관성을 잘 이해하고 있어야 한다.

하락추세 전환형 패턴

1) V자형 패턴(단일천정형)

V자형 패턴(단일천정형)은 매수세가 과열로 주가는 단기 급등으로 과도매수 상태가 되고 이를 불안하게 느낀 매도세가 매물을 내놓으면서 주가가 단기 급락하는 형국이다. 따라서 상승 시 기울기와 하락 시 기울기는 비슷하며 고점을 중심으로 대칭을 이루는 경우가 많다.

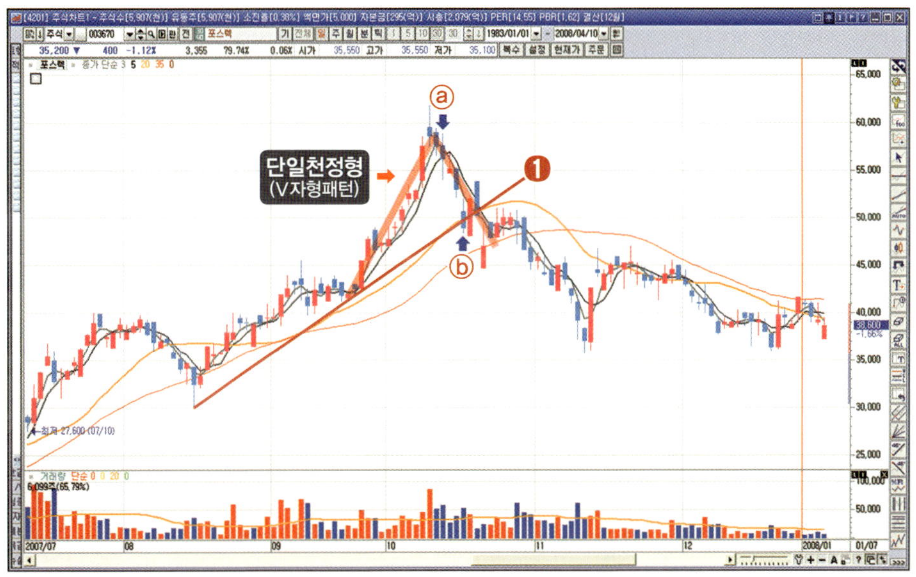

>>> V자형 패턴 (단일천정형)

– 단기 급등하던 주가가 10월 10일 최고점을 찍고 단기 급락을 하면서 V자형 패턴(단일천정형)을 만들고 있다. 고점을 중심으로 좌우 대칭을 이루면서 상승과 하락을 한 것이다. 이때 매도포인트는 주가가 중–장기 추세지지선(❶번선)을 하향 돌파하는 ⓑ지점이 된다. 물론 반등을 시도하는 시점에서 매도를 할 수도 있지만 이는 모험적인 투자법이다. 왜냐하면 V자형 패턴에서 이후 주가가 반등을 하지 않고 연속적으로 하락하는 경우도 많기 때문이다. 아무튼 패턴을 그린 이후 주가는 ❶번 추세선 근처에서 반등을 시도해 보지만 결국 무너지고 만다.

– 참고로 단기 급등하는 종목에서 매도포인트를 잡는 가장 일반적인 방법은 5일 이평선이 무너지는 시점(ⓐ지점)을 매도포인트로 잡는 것이다.

2) M자형 패턴(이중천정형)

M자형 패턴은 비슷한 높이에 있는 고점 두 개가 나란히 있는 패턴으로 마치 두 개의 봉우리로 된 산의 모양을 갖고 있다. 천정권(상투권)에서 자주 발생하는 추세 전환 패턴으로 대개 1차 고점보다 2차 고점의 높이가 낮고, 두 번째 고점은 단기 반등일 경우가 많다. 즉, 1차 상승과 단기 반등으로 숨 가쁘게 올라온 주가는 힘이 다해 결국 하향추세로 전환될 가능성이 높은 패턴이다.

>>> M자형 패턴(이중천정형)

– M자형 패턴에서 추세선은 2개가 존재한다. 패턴의 첫 번째 봉우리를 가로지르는 ❶번 추세선과 패턴의 중저점을 연결한 기존 저점에서 패턴 가운데 저점을 연결한 ❷번 선이다.

– ⓐ지점 근처에서 전고점 저항선인 ❸번 선의 저항을 받으며 주가가 무너지면서 높이가 비슷한 2개의 고점을 만들고 있는 M자형 패턴이다. 좀 더 자세히 보면 ❸번 저항선뿐만 아니라 ❶번 추세저항선의 저항을 동시에 받았다는 것을 알 수 있다. 2개의 저항선에 밀리고 있으므로 ⓐ지점에서 1차 매도로 대응해야 한다.

– 그리고 ❷추세선이 무너지는 ⓑ지점에서 2차 매도를 해야 한다. 물론 ⓑ지점 이후 ❷번 추세선을 기준으로 반등을 시도하려는 시점에서 매도하는 방법이 있다. 물론 이는 모험적인 방법이긴 하지만 M자형 패턴은 V자형 패턴에 비해 반등이 있을 가능성이 더 높다.

3) 삼중천정형

M자형 패턴에서 일시적으로 상승을 타다 밀리는 모양새로 세 개의 고점 봉우리가 나란히 있는 패턴이다. 결국 세 차례의 고점 돌파에 실패하여 하락추세로 전환하게 된다. 세 번씩이나 어떤 저항선을 넘지 못했으므로 M자형 패턴보다 더 강력한 매도신호이다. 하지만 세 개의 봉의 고점의 위치가 늘 나란히 있는 것은 아니다. 오히려 뫼산(山)처럼 가장 높은 가운데 봉을 중심으로 낮은 봉우리가 좌우로 위치하고 있는 모양새가 더 자주 나타난다. 이를 헤드 앤 숄더형(Head & Shoulder)이라고 한다.

Head & Shoulder형

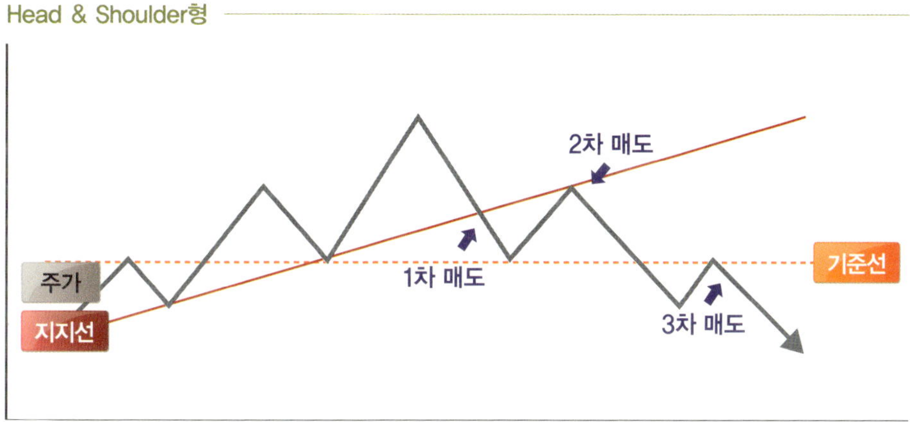

상승추세 전환형 패턴

1) V자형 패턴(단일바닥형)

V자형 패턴(단일바닥형)은 주가가 단기 급락 후 단기 반등하는 형태로 대칭을 이루는 V자형 계곡의 모양을 하고 있다. 주로 하락 시에는 5일 이평선의 저항을 받으면서 움직이고 상승 시에는 5일 이평선의 지지를 받으면서 움직인다.

>>> V자형 패턴(단일바닥형)

– V자형 패턴에서 이용할 수 있는 매매법은 엔벨로프 저가매수법, 볼린저밴드 저가매수법이 있고 목표가와 손절가는 '대량거래 하락봉 저항선'을 활용할 수 있다.

– 엔벨로프 저가매수법(엔벨로프 지지선을 하향 돌파한 음봉을 50% 이상 장악하는 양봉 출현 시 매수하는 방법)을 이용하면 ⓐ지점이 매수포인가 된다.

– 대량거래 하락음봉 저항선(당일 거래량이 20일거래이평값의 1.5배 이상을 보이면서 주가가 하락할 때 양봉인 경우 종가를, 음봉의 경우 시가를 저항선으로 잡는 방법)을 이용하여 목표가를 설정했을 때는 ①, ②, ③ 지점이 매도포인트가 된다. (참조 : 대량거래 하락봉 저항선)

2) W자형 패턴(이중바닥형)

W자형 패턴은 비슷한 높이에 있는 저점 두 개가 나란히 있는 패턴으로 마치 두 개의 계곡이 나란히 있는 모양이다. 바닥권에서 자주 발생하여 추세 전환 패턴으로 1차 저점보다 2차 저점의 높이가 비슷하거나 높아야 한다. 이 패턴은 두 개의 비슷한 저점으로 두 번 연속 바닥을 확인한 모양새이므로 이후 상승추세로 전환될 가능성이 높다.

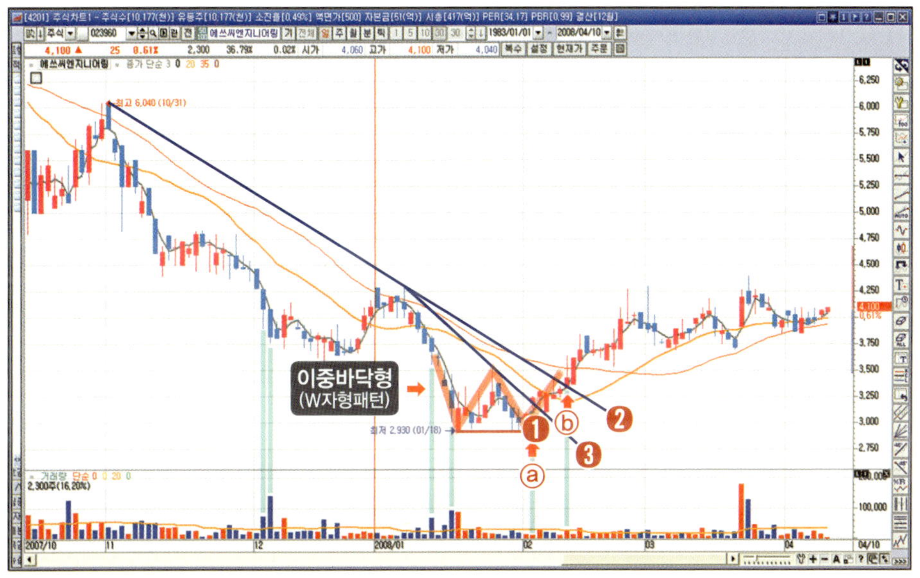

>>> W자형 패턴 (이중바닥형)

– W자형 패턴에서 추세선은 패턴 내 고점을 연결한 추세저항선이 존재한다. 그림에서처럼 상황에 따라 1~2개까지 발생할 수도 있다.

– 하락추세를 하던 주가는 1차 반등을 한 후 무너지지만 2차 반등을 시도한다. 이때 1차 반등과 2차 반등의 저점의 높이가 비슷하거나 2차 저점이 높아야 한다.

– ③번 단기 추세저항선을 상향 돌파하는 ⓐ지점이 일반적인 매수포인트이나 거래량을 동반하지 못했으므로 매수 신호로는 약하고 오히려 ②번 중기 추세저항선을 거래량을 동반하면서 상향 돌파한 ⓑ지점이 정확한 매수포인트이다.

3) 삼중바닥형

W자형 패턴 이후 주가가 한 번 더 비슷한 높이의 저점을 만들면서 반등하는 패턴으로 세 개의 저점이 나란히 있는 모양이다. 세 번 연속 바닥을 확인한 셈이므로 W자형 패턴보다 가능성이 높은 상승추세로 반전을 알리는 신호이다. 하지만 세 개의 봉의 저점의 위치가 늘 나란히 있는 것은 아니다. 오히려 가장 낮은 가운데 저점을 중심으로 이보다 높은 저점이 좌우로 위치하고 있는 모양새가 더 자주 나타난다. 이를 역 헤드 앤 숄더형 (Head & Shoulder)이라고 한다.

역 Head & Shoulder형

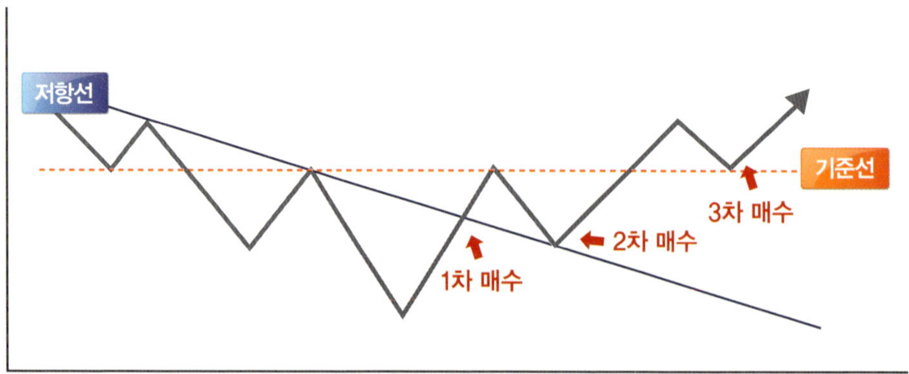

추세대(박스형) 패턴

추세대는 동일 기간 동안 고점을 연결한 추세저항선과 저점을 연결한 추세지지선으로 만들어진 영역을 말하며 그 영역의 모양에 따라 삼각형 패턴과 사각형 패턴이 있다. 그리고 사각형 패턴 중에서 추세선의 기울기가 수평인 상태를 박스권이라고 한다.

기본적으로 추세대 패턴은 거래량을 동반하면서 추세저항선을 상향 돌파하는 시점이 매수포인트가 되고 추세지지선을 하향 돌파하는 시점이 매도포인트가 된다.

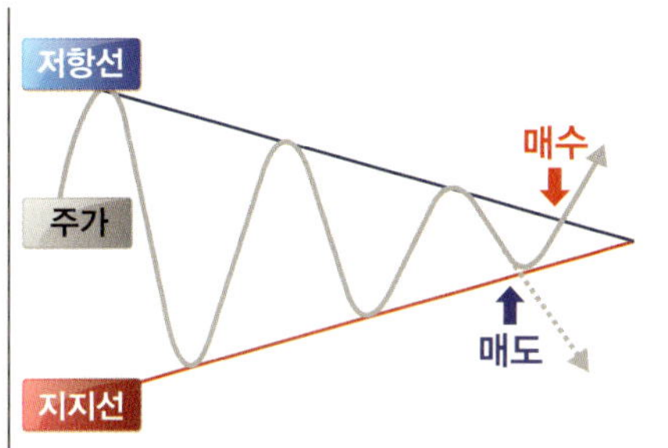

감소형 삼각형 (대칭)
저항선
주가
지지선
매수
매도

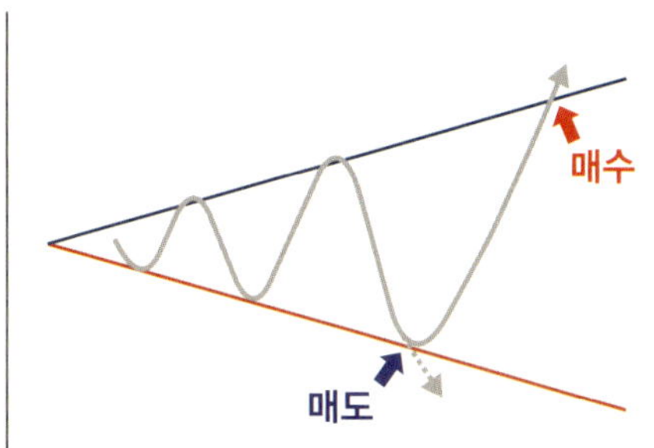

증가형 삼각형 (대칭)
매수
매도

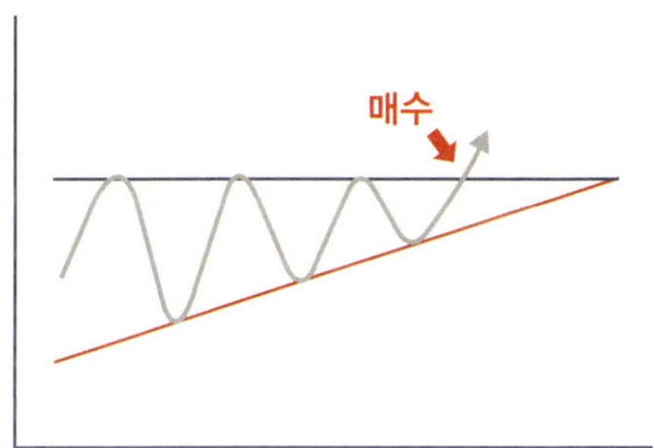

감소형 삼각형 (상승)
매수

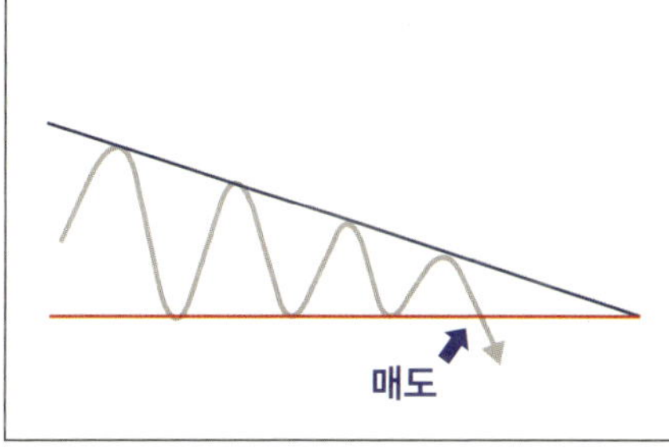

증가형 삼각형 (하락)
매도

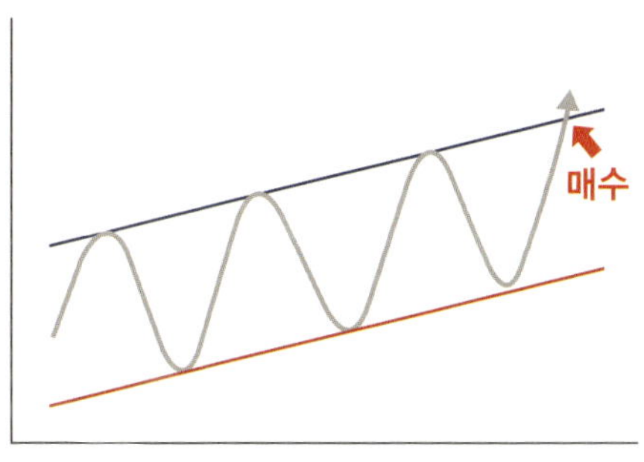

사각형 (상승)
매수

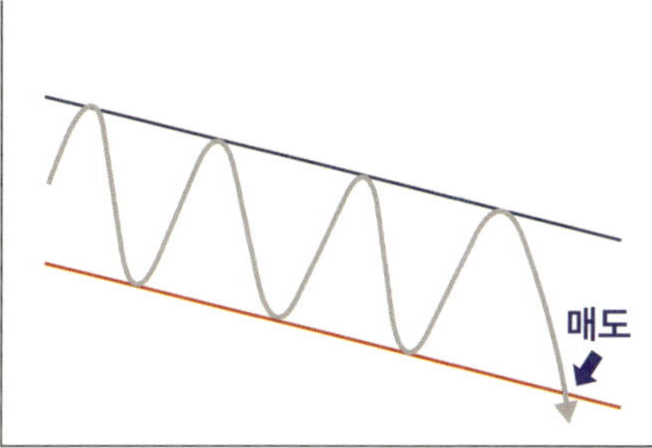

사각형 (하락)
매도

27

주가의 실체인 거래량

>>>>>>>>>> 거래량은 기술적 분석에 있어 중요한 키포인트 중 하나이다. 중요한 것은 거래량은 주가의 실체이기 때문에 거래량을 동반하지 않는 주가상승이나 주가하락은 없다는 것이다. 따라서 거래량과 주가의 관계를 살펴보는 것은 중요하다.

거래량과 주가의 관계

1) 거래량이 증가하면 주가는 상승 혹은 하락하고 거래량이 감소하면 주가는 조정에 들어간다.

거래는 팔려는 사람과 사려는 사람이 존재했을 때에만 이루어진다. 그리고 거래가 이루어지기까지는 사는 사람과 파는 사람 간에 수많은 힘겨루기가 있게 된다. 이는 우리가 재래시장에서 가격을 흥정할 때와 마찬가지이다. 시장에 사람이 많으면 이곳저곳에서 흥정을 하느라 정신이 없다. 그럼, 당연히 거래도 활발하게 이루어진다. 그리고 그 수많은 흥정들은 시장의 가격을 결정하게 된다. 흥정이 많다는 것은 거래량이 많다는 것이고 따라서 가격도 탄력적으로 움직인다. 흥정이 적다면 거래량은 줄어들 것이고 가격의 움직임도 작아진다. 주식시장도 마찬가지이다. 바로 거래량이 시장의 가격에서처럼 주가의 원천적인 힘이 된다. 아래 그래프를 보면 그 흥정(거래량)에 따른 주가가 어떻게 변화하는가를 알 수 있다. 흥정이 많으면 가격은 내리거나(하락추세) 오르고(상승추세) 흥정이 적으면 가격이 움직임이 작다(반등, 조정).

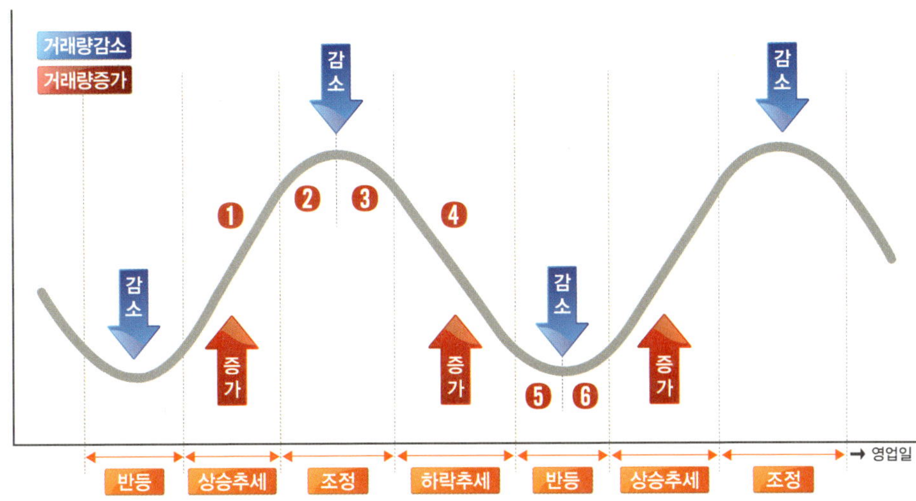

다음은 위의 그래프로 표로 정리한 주가와 거래량의 상관표이다. 자세한 사항은 기술적 분석 백서 '거래량' 항목을 참조하길 바란다.

추세	거래량	주가	이후 추세	매매신호	그래프위치
상승추세	증가	상승	강한 상승 추세	강한 매수	❶
	감소	상승	추세 전환	관망	❷
	감소	하락(조정)	조정	매도	❸
하락추세	증가	하락	하락추세	매도	❹
	감소	하락	추세 전환	관망	❺
	감소	상승(반등)	반등	매수	❻

>>> 노란색 영역 : 조건(~하면) / 하늘색 영역 : 결과(~된다)

2) 거래량에 변화 없는 상승추세 곧 하락추세로 전환되고, 거래량에 변화 없는 하락추세는 곧 상승추세로 전환된다.

거래량에 변화가 없음에도 불구하고 상승추세에서 가격이 상승하거나 하락추세에서 가격이 하락하는 현상은 추세에 제동이 걸린 것이다. 추세를 유지하려면 거래량이 밑받침되어야 하는데 거래량이 변함없다는 것은 힘을 받쳐 주지 못해 상승추세에 브레이크가 걸렸다는 뜻이다. 이는 곧 추세의 전환이 일어날 가능성이 높임을 의미한다. 보통 추세역전환(Divergence)이라고 부르는 현상이다.

3) 상승추세에서 적은 거래량으로 주가가 하락하면 상승추세가 유지되고, 하락추세에서 적은 거래량으로 주가가 상승하면 하락추세를 유지한다.

상승추세에서 거래량이 감소하면 가격이 하락한다. 그런데 이때 그 거래량이 너무 적다면 그 종목을 보유하고 있는 상당수의 투자자들이 "더 오를 텐데 지금 꼭 팔아야겠어?"라고 그 종목을 쥐고 있음을 의미한다. 이렇게 되면 주가는 상승추세가 지속될 가능성이 높다. 반대로 하락추세에서 적은 거래량으로 가격이 상승했다면 주가는 다시 하락할 가능성이 높다.

거래량의 비밀

1. 거래량은 주가의 선행지표로 거래량을 동반하지 않는 주가상승이나 주가하락은 없다.

2. 주가상승/하락의 힘은 거래량과 주가 변동폭의 크기에 비례한다.

3. 매수세와 매수세의 힘은 거래량과 주가 변동폭이 큰 곳을 기준으로 판단하되 Force Index Long Term(이평 기간 13일)와 OBV보조지표를 충분히 활용한다.

[28]

보조지표

>>>>>>>>>> 기술적 분석에는 기본적인 차트와 거래량 그래프 이외에도 수많은 보조지표가 있다. 이 중에서 가장 대표적인 보조지표 몇 가지를 살펴보자.

이격도(Disparity) ··· 모멘텀지표

이격도는 주가와 이평선의 간격 비율을 이용하여 주가 추세의 전환을 예측하는 지표이다. "주가는 이평선으로부터 멀어지면 언젠가는 다시 이평선으로 되돌아온다. 즉, 주가와 이평선의 간격은 커졌다 작아졌다를 반복하게 된다"라는 특성을 이용한 지표이다.

1) 공식

그림에서 ⓑ지점을 보면 A는 종가이고 B는 20일 이평값이다. 이 둘 간의 비율이 '이격도'이므로 "이격도(%) = (a/b) x 100 = (종가/이평값) x 100"이 된다. 따라서 이격도가 100% 이상이면 주가는 이평선 위에 있고 (그림에서 ⓐ-1영역) 100% 이하이면 주가는 이평선 아래에 있다(그림에서 ⓐ-2영역)는 의미이다.

2) 매매전략

이격도는 추세의 전환을 예고하는 모멘텀지표로 추세가 전환될 수 있으니 주의하라는 뜻으로 해석하는 게 좋다. 매수나 매도를 결정할 때 보조지표로 사용해야 한다는 의미이다. 왜냐하면 '이격도' 단독으로 매수와 매도신호로 판단하는 데는 무리가 있기 때문이다.

> 20일 이격도 (80% 이상 ~ 90% 이하) : 침체권으로 상승추세 전환 예고
>
> 20일 이격도 (110% 이상 ~ 150% 이하) : 과열권으로 하락추세 전환 예고

>>> 20일 이격도
- ⓒ지역 : 이격도 90% 이하인 침체권으로 주가가 바닥을 찍고 상승추세로 전환될 수 있음을 예고한다.
- ⓓ지역 : 이격도 110% 이상인 과열권으로 천정권을 가능성이 있음을 예고한다.

스토캐스틱(Stochastics) ··· 모멘텀지표

최근 주가 변동폭과 비교하여 현재 주가 흐름이 상승추세인지 하락추세인지를 파악하는 지표이다. "주가가 상승추세를 타고 있는 그래프는 당연히 기존의 가격들을 상향 돌파하면서 가고 반대로 하락추세라면 기존의 가격들을 하향 돌파하면서 가격이 떨어진

175

다"라는 대전제가 이 지표의 기본 논리이다.

1) 계산식

스토캐스틱은 %K선과 %D선으로 구성되는데, %K선은 시장가격의 최근 변동폭과 최근에 형성되는 종가와의 관계를 나타낸 것이고 %D선은 %K선을 한 단계 완화한 값이라고 생각하면 된다.

%K=C-Ln/Hn-Ln x 100(%)

C : 최근의 종가

Ln : 과거 n일 동안의 최저점

Hn : 과거 n일 동안의 최고점

%K의 값이 100이라는 것은 최근의 종가가 이제까지 n일 동안 형성된 시장가격 중에서 가장 최고가격임을 의미하고. %K의 값이 0이라는 것은 최근의 종가가 바로 n일 간의 가격 중에서 최저가격임을 의미한다.

2) 매매전략

❖ 설정값 : 스토캐스틱 Slow지표(Fast%K=10, Slow%K=6, Slow%D=6)

추세 판단하기

> 70~80 이하 : 시장가격은 상승추세로 간주 (그림 ⓐ 지역)
>
> 20~30 이하 : 시장가격은 하락추세로 간주 (그림 ⓑ 지역)

과도매입 · 과도매도 판단하기

> Slow%K(=Fast%D)가 80% 이상 : 과도매입 상태 (그림 ⓓ 지역)
>
> Fast%K가 20% 이하 : 과도매도 상태 (그림 ⓒ 지역)

보통은 스토캐스틱 Slow지표를 이용하여 과도매입/매도를 판별하지만, 여기에서는 매도의 경우는 Slow지표를 매수의 경우는 Fast지표를 사용하였다. 이 방법은 매수에 있어 약간 공격적인 방법이다. (그림에서 위쪽 스토캐스틱 그래프가 Fast지표이고 아래쪽 그래프가 Slow지표임)

3) 전략가이드

스토캐스틱 골든크로스

> %K와 %D의 골든크로스 → 매수신호 (그림 ⓔ 지점)
>
> %K와 %D의 데드크로스 → 매도신호 (그림 ⓕ 지점)

어깨와 무릎 (추세재확인 : Retesting)

> %K와 %D의 골든크로스 직후 %K가 %D에 근접 후 반등(어깨)
>
> → 2차 매수 or 1차 매수한 종목 매도
>
> %K와 %D의 데드크로스 직후 %K가 %D에 근접 후 하락(무릎) → 2차 매도

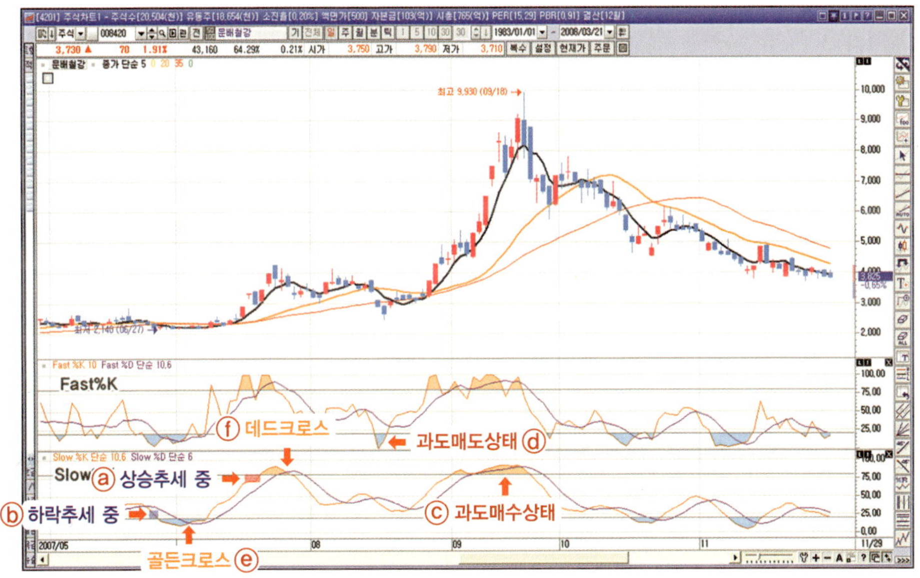

모멘텀지표

　　과도매도(Oversold)와 과도매수(Overbought) 상태를 파악할 수 있는 지표이다. 과도매도는 매도가 지속적으로 이루어져 주가가 떨어질 대로 떨어진 상태이고 과도매수는 매수가 지속적으로 이루어져 주가가 오를 만큼 올라가 있는 상태를 의미한다. 따라서 과도매도 상태일 때 주가는 상승추세로 전환을, 과도매수 상태일 때는 주가가 하락추세로 전환을 준비하고 있으므로 이에 대비해야 한다. 이는 모멘텀지표를 "무조건 매수해야 한다. 매도해야 한다"로 해석하지 말고 종합적으로 분석한 결과를 한 번 더 확인하는 차원에서 활용하는 것이 좋다. 현재, 수십 종류의 모멘텀지표가 있으나 주로 많이 사용되는 것은 이격도, RSI, 스토캐스틱, 윌리암%R 등이다.

소나(SONAR) … 추세지표

주가는 오르락내리락 일종의 사이클을 그리면서 움직인다. "오르다가 내리는 전환점", "내리다가 오르기 시작하는 전환점", 수학용어로 "변곡점"이라 부르는 이 시점을 기울기를 이용하여 찾는 것이 소나차트이다.

1) 매매전략

소나차트를 이용하여 변곡점을 찾는 가장 간단한 방법은 0값을 기준으로 상향 돌파(그림 ⓑ 지점) 하면 상승추세로, 하향 돌파(그림 ⓓ 지점) 하면 하락추세로의 변곡점일 가능성이 있다고 판단하는 것이다.

2) 전략가이드

소나골든크로스와 소나데드크로스

소나의 0값을 기준으로 변곡점을 찾는 방법은 실제 변곡점보다 늦게 나타나는 취약점

이 있다. 이러한 시간차를 극복하기 위해서 소나와 소나의 이평값의 골든크로스와 데드
크로스로 판단하기도 한다.

❖ 설정값 : 소나(10일), 소나이평(20일)

> 소나가 이평선을 상향 돌파 시 : 상승추세로 가는 변곡점 (그림 ⓐ 지점)
>
> 소나가 이평선을 하향 돌파 시 : 하락추세로 가는 변곡점 (그림 ⓒ 지점)

그림을 보면 0점 상향 돌파보다 소나골든크로스가, 0점 하향 돌파보다 소나데드크로
스가 먼저 발생함을 알 수 있다. (그림 ⓐ보다 ⓑ가, ⓒ보다 ⓓ가 먼저 발생함)

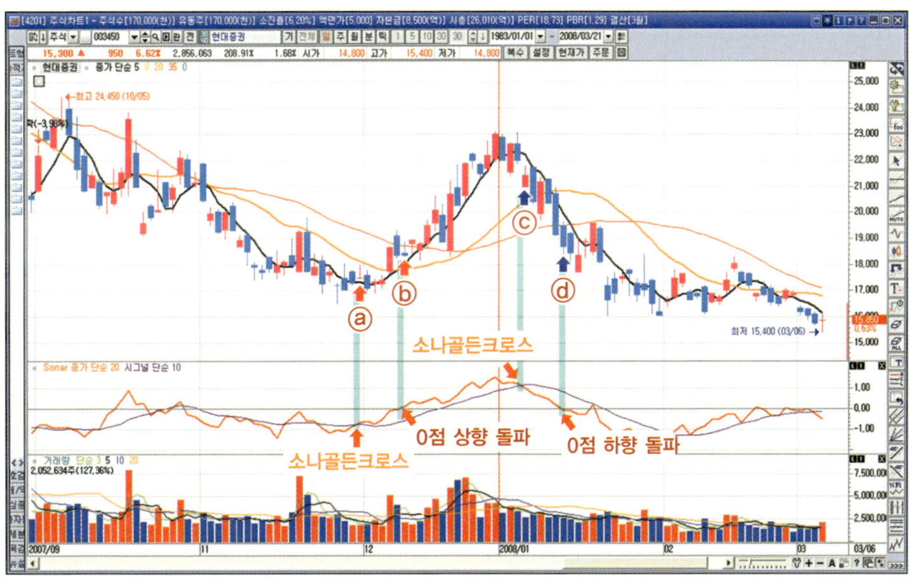

봉　　차　　트　　의　　해　　석

▌ 추세지표

주가의 추세를 파악하는 것. 즉, "하락추세인지? 상승추세인지? 추세가 전환될 것인
지? 추세가 유지될 것인지?"에 대한 궁금증을 해결하기 위해 만들어진 지표이다. 주가
이동평균(Moving Average), 소나(SONAR), 삼선전환도가 가장 대표적이다.

MACD(Moving Average Convergence & Divergence)
··· 추세-모멘텀지표

MACD는 말 그대로 풀어보면 "이동평균의 수렴과 발산"이다. 원리는 간단하다. 장기 이평선과 단기 이평선이 서로 멀어지게 되면(발산) 언젠가는 다시 가까워지는(수렴) 현상을 보기 좋게 표현한 것이다. 이격도가 주가와 이평선의 관계라면 MACD는 이평선 간의 관계를 살펴보는 것이다. 추세를 파악할 수 있는 이평선과 더불어 가장 널리 사용되는 보조지표이다. 물론 정확도도 높은 편이다.

1) 계산식

MACD = 단기 지수이동평균 – 장기 지수이동평균

시그널 = n일의 MACD 이동평균

*지수이동평균은 이동평균값보다 더 부드러운 곡선을 만들기 위해 특정 공식을 넣어서 만든 값이다.

2) 매매전략

0점선(중심선) 상향 돌파

> MACD선이 중심선을 상향 돌파할 때 : 매수신호 (그림 ⓐ 지점)
>
> MACD선이 중심선을 하향 돌파할 때 : 매도신호 (그림 ⓑ 지점)

MACD 골든크로스

> MACD(단기평균지수=9, 장기평균지수=18, 시그널=9) 골든크로스 : 매수신호
> (그림 ⓒ 지점)
>
> MACD(단기평균지수=9, 장기평균지수=18, 시그널=9) 데드크로스 : 매도신호
> (그림 ⓓ 지점)

MACD는 MACD선과 시그널의 두 개의 선으로 구성되며, 이 두 곡선의 만나는 지점을 매매의 중요한 포인트로 생각한다. MACD선이 시그널선을 상향 돌파하면 'MACD 골든 크로스'이고 반대로 하향 돌파하면 'MACD 데드크로스'가 된다. 주로 사용되는 설정방법은 단기평균지수=9일 ,장기평균지수=18일, 시그널=9일이다.

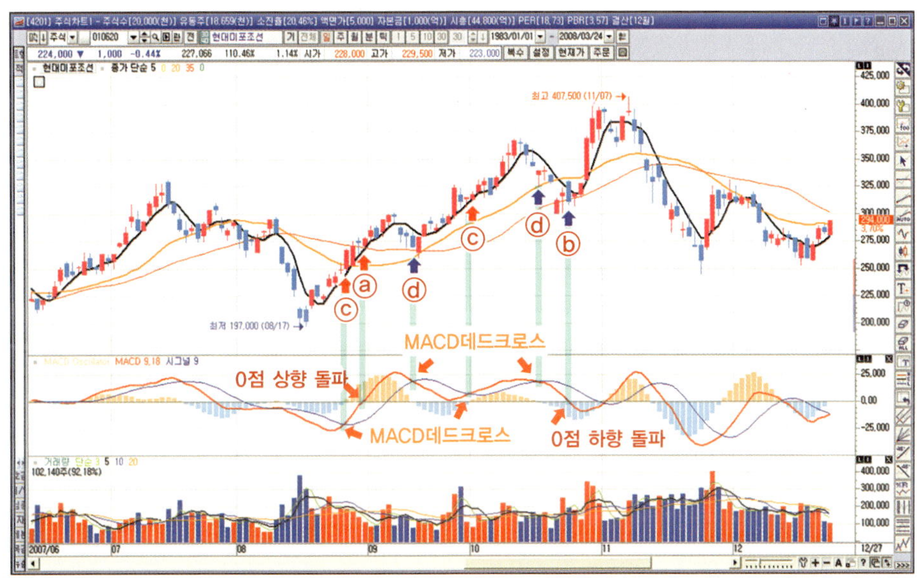

▌추세-모멘텀지표

주가의 추세와 과도매수/과도매도 상태를 동시에 체크하여 매매포인트를 보다 적극적으로 제시해 주는 보조지표이다. 왜곡된 주가 흐름을 방지하기 위해 다양한 이동평균값들을 적용시켰고 그래프 곡선은 부드럽게 보여 일반인들도 쉽게 해석할 수 있다. 대부분 선물거래에서 적용하기 위해 개발된 것들이지만 주식시장에서도 비교적 잘 적용이 된다. 가장 널리 사용되는 것은 MACD, 스토캐스틱, RSI, TRIX 등이다.

OBV(On-Balance Volume) ⋯ 거래량지표

"얼마나 많은 거래량이 들어오고 나갔는가?" 단순히 거래량만 계산하게 되면 시간이 지남에 따라 차곡차곡 쌓이기만 해 증가추세만 보인다. 그래서 이런 지표는 큰 의미가 없다. 그렇다면 매수세가 강할 때 거래량을 더해 주고 매도세가 강할 때 거래량을 빼준다면 어떻게 될까? 당연히 그 값은 늘었다 줄었다 할 것이다. 이걸 표현한 지표가 OBV(On Balance Volume)이다. 바로 주가가 오른 날의 거래량은 더해 주고 내린 날의 거래량은 빼주는 값을 누적한 값이다.

1) 계산식

전일 대비 당일 주가가 상승할 때 : 전일 OBV + 당일 거래량

전일 대비 당일 주가가 하락할 때 : 전일 OBV − 당일 거래량

2) 매매전략

OBV값이 증가추세라는 것은 매수세가 몰려들고 있으므로 앞으로 가격상승을 예고하고, 그 값이 하락추세라는 것은 매수세가 빠져나가고 있으므로 앞으로 가격하락을 예고한다. 하지만 이 말의 현실성에서 조금 약한 면이 있다. OBV추세와 가격추세가 비슷하게 나타나므로, 미래를 예측하기보다는 현재의 흐름을 반영하고 있는 것이기 때문이다. 그래서 Up, Down의 개념이 도입시키게 된다.

주가가 상승추세일 때 OBV값은 전고점을 돌파하는 모양새를 그리게 되고, 반대로 주가가 하락추세일 때는 그 반대로 전저점을 돌파하는 양상으로 가게 된다. 이때 전고점 돌파는 Up이라 부르는 매수신호(그림 ⓐ)를, 전저점 돌파는 Down이라 부르는 매도신호(그림 ⓑ)를 의미한다.

아래 그림의 확대한 원 부분을 보면, A지점이 전고점이고 B지점에서 돌파를 한다. 이럴 때 Up로 표기하고 이는 매수신호가 되며, C지점은 전저점이고 D지점에서 하향 돌파되었다. 이럴 때 Down으로 표기하고 이는 매도신호가 된다.

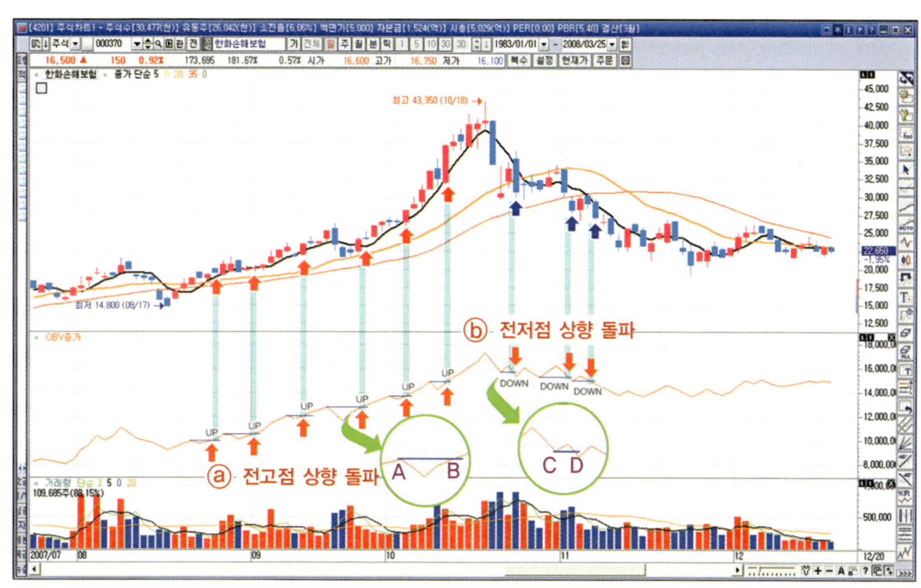

▶ 거래량지표

　거래량의 변화형태를 주가하락일과 상승일에 따라 각각 다르게 적용시킴으로써 현재의 가격추세와 시장강도를 확인할 수 있는 지표이다. 대표적으로 VR과 OBV가 있다.

신심리도 ··· 시장강도지표

　심리도가 N일 중 주가상승 일수를 이용해 시장의 침체 및 과열 정도를 파악하려고 했던 것에 비해, 신심리도는 N일 간의 주가상승 일수와 상승폭, 주가하락 일수와 하락폭을 이용해 시장의 침체 및 과열 정도를 파악함으로써 시장의 심리상태를 보다 정확하게 표현한 지표이다.

1) 계산식

　신심리도 = (상승 일수 x 상승폭 비율 − 하락 일수 x 하락폭 비율) / N

$$상승폭 비율 = 상승폭 / (상승폭+하락폭)$$

$$하락폭 비율 = 하락폭 / (상승폭+하락폭)$$

2) 매매전략

❖ 설정값 : 기준일 = 10

−0.5 이하인 경우 : 단기 침체국면 (그림 진한 하늘색 영역, ⓐ)

+0.5 이상인 경우 : 단기 과열국면 (그림 진한 주황색 영역, ⓑ)

>>> 그림의 보조지표 영역에서 위쪽에 있는 것이 신심리도이고 아래쪽이 심리도이다. '신심리도'는 주가가 반영되어 있는 지표이기 때문에 '심리도'에 비해 과열 및 침체 영역이 자주 노출된다. 따라서 단기적인 관점에서 놓칠 수 있는 침체상태와 과열상태를 볼 수 있다.

그림을 보면, ⓔ영역을 보면 심리도에서는 과열상태가 아니지만 신심리도에서는 과열상태이고 ⓕ영역에서도 심리도에서는 침체상태가 아니지만 신심리도에서는 침체상태이다. 심리도가 놓치고 있는 부분을 신심리도가 꼼꼼히 체크해 주고 있다.

시장강도지표

시장의 강도란 매수세와 매도세의 크기를 의미한다. 매수세가 크면 주가는 상승의 강도가 강하고 매도세가 크면 주가는 하락의 강도가 강하게 된다. 이러한 세력의 강도는 주가, 거래량과 밀접한 관계가 있으며 이를 분석한 지표가 시장강도지표이다. 투자심리도와 신심리도는 주가의 변화를 기준으로, NVI와 FI는 주가와 거래량의 변화를 기준으로 적용한 것이다

볼린저밴드(Bollinger Bands) ··· 가격추세선지표

이동평균선에서 표준편차의 일정 배수를 가감하여 이동평균선을 기준으로 가상의 상한선과 하한선을 만든다. 이렇게 하면 주가상승과 주가하락의 변동폭이 이 상한선과 하한선의 경계에서 크게 벗어나지 않은 상태로 움직일 가능성이 매우 높게 된다. 실제로 주가가 볼린저밴드 상하선과 하한선 안에 들어올 가능성은 95% 이상이고 그만큼 볼린저밴드는 신뢰도가 매우 높은 지표이다.

1) 계산식

중심선(Middle Band) = n 기간의 단순이동평균

상한선(Upper Band) = 단순이동평균 + (표준편차 X 2)

하한선(Lower Band) = 단순이동평균 − (표준편차 X 2)

'볼린저밴드'는 위의 3개의 선으로 구성되며, 각각의 선은 저항선과 지지선의 역할을 한다.

2) 매매전략

❖ 설정값 : 적용 기간 = 20, 승수(표준편차) = 2, 가격 = (고가+저가+종가)/3

상한선과 하한선 근접

① 주가가 볼린저밴드의 하한선에 근접 혹은 돌파 후 전일 음봉을 50% 이상 장악하는

양봉 : 매수신호

② 주가가 볼린저밴드의 상한선에 근접 시 : 매도신호

>>> 주가상승추세에서의 볼린저밴드 상한선과 하한선

– 주가상승추세에서 볼린저밴드 하한선에 근접한 후 다음 날 ⓐ지점에 주가상승 양봉이 출현하였으므로 매수포인
트가 된다. 이후 주가가 20일 이평저항선에 근접할 때가 1차 매도시점이고 볼린저밴드 상한선에 근접할 때가 2차
매도시점이 된다. 하지만 만약 ⓐ에서 매수한 후 다음 날 주가가 하락하면 손절매도로 대처해야 한다.

– ⓑ지점에서도 같은 경우로 매수포인트가 된다. 하지만 20일 이평저항선을 거래량을 동반하면서 강하게 돌파했
으므로 이때 매도를 하는 것보다는 볼린저밴드 상한선에 근접할 때 매도하는 것이 좋다.

– ⓒ지점도 같은 경우로 매수포인트가 되며 20일 이평저항선에서 1차 매도를 하고 만약 볼린저밴드 상한선에 근
접하지 못하고 20일 이평선이 무너질 경우 2차 매도로 대응해야 한다.

– 특히, 볼린저밴드 하한선을 이용하여 매수포인트를 잡을 때는 저점의 위치가 상승하고 있을 때보다 높은 승률로
접근할 수 있다.

전고점/전저점 & 상한선/하한선 동시 돌파

① 밴드의 폭이 좁아진 상태에서 주가의 고점저항선(고점을 평행하게 그어 만든 저항선)을 상향 돌파하면서 볼린저밴드 상한선 돌파 시 : 매수신호

② 밴드의 폭이 좁아진 상태에서 주가의 저점지지선(저점을 평행하게 그어 만든 지지선)을 하향 돌파하면서 볼린저밴드 하한선 돌파 시 : 매도신호

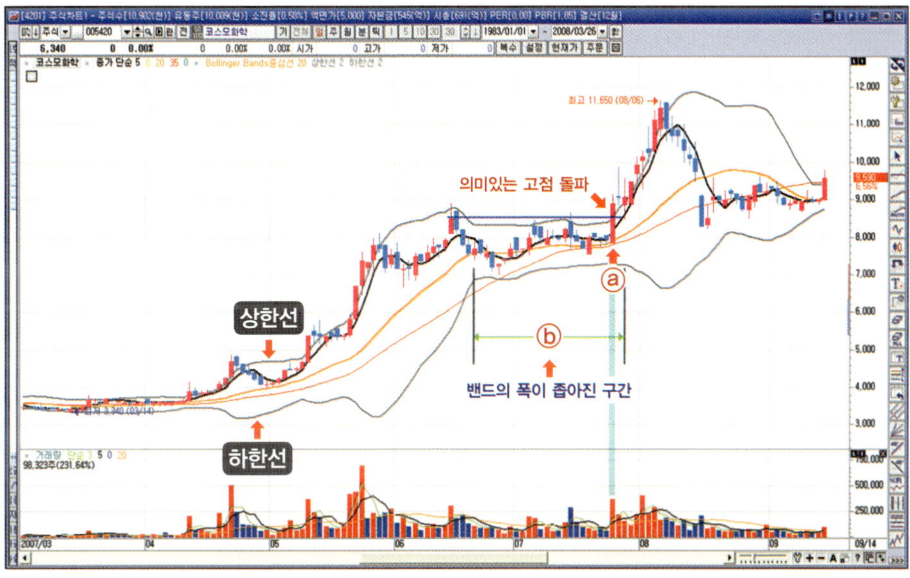

>>> 밴드의 폭이 좁아지는 구간(ⓑ구간)에서 주가는 횡보를 한 다음 횡보 중 발생한 주가의 고점저항선을 돌파하는 ⓐ지점이 매수포인트가 된다. 만약 주가가 ⓐ에서 저점지지선을 하향 돌파했다면 매도지점이 된다.

봉　　차　　트　　의　　해　　석

▷ 가격추세선 지표

가격추세선은 지지선과 저항선의 역할을 하기 때문에 매매포인트를 설정하는데 큰 도움을 준다. 주가의 추세를 예측하는데 이동평균, 표준편차, 이동평균비율, 피보나치순열, 고/저점의 중심점 등의 다양한 방법들이 사용된다.

29

지지선과 저항선의 이해

>>>>>>>>>> 주가는 매도하려는 사람과 매수하려는 사람들의 기세 싸움의 결과물이다. 차트에서 그 힘의 흐름이 어떠한 형태로 표출되는데 그중 대표적인 것이 지지선과 저항선의 개념이다.

바닥과 천정의 공포

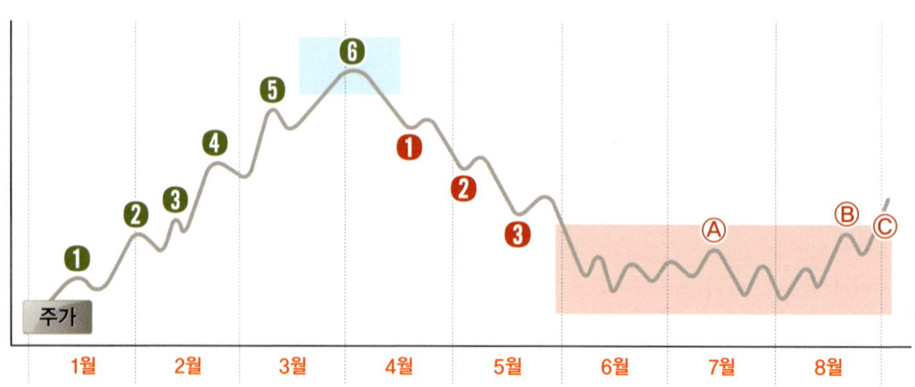

바닥과 천정(상투)에 대해 한 번쯤은 들었을 것이다. 바닥은 가장 낮은 지점이고 천정은 가장 높은 지점이라고 생각할 것이다. 맞다. 하지만 주식에서의 바닥과 천정에 대한 진짜 비밀은 모르는 사람이 대부분이다.

비밀의 핵심 키워드는 '바닥과 천정은 결과론일 뿐이다.'이다. 즉, 결과가 나타나기 전에는 아무도 모른다는 말이다. 다시 말해 아무도 모르는 영역이어서 예측하기 힘들다는 말이다. 위 그림, 초록색 ❶번~❻번 중에서 ❻번이 천정이라고 말할 수 있다. 이는 결과적으로 ❻번에서부터 주가가 하락하여 하락세를 유지했기 때문이다. 결과가 나타났기 때문에 ❻번이 천정이란 걸 나중에야 말할 수 있다.

이렇듯 예측하기 힘든데 왜 사람들은 말들이 많을까? 이유는 잘 잡으면 대박을 얻고 못 잡으면 쪽박을 차기 때문이다. 주가는 위아래로 파동을 그린다. 맨 아래와 맨 위가 생기는 것은 당연하다. 그리고 맨 아래에서 사고 맨 위에서 팔면 엄청난 이익을 올릴 수 있다. 여기에 매력이 있다. 그러나 반대로 떨어지기 시작하면 그 끝을 알 수 없는 것이 주식이다. 바닥을 알 수 없다. 꿈에서 종종 보는 끝없이 떨어지는 공포가 도사린다. 도박과 같다. 모든 것을 얻느냐, 모든 것을 잃느냐의 한 방이다.

동서고금을 통해 도박을 좋게 표현하는 곳은 없다. 주식에서는 특히 더 그렇다. 주식을 하는 사람이라면 천정과 바닥에 대한 유혹은 독약이다.

이 힘들고도 매혹적인 공포로부터 벗어날 수 있는 가장 쉬운 방법은 목표가와 손절가를 철저하게 지키는 것이다. 아쉬워도, 미련이 남아도, 일단 매도를 하면 HTS의 관심종목에서 삭제하고 다신 뒤돌아보지 말아야 한다. 이렇게 되면 천정이든 바닥이든 중요하지 않다.

항상 많은 사람들이 말하지만 목표가와 손절가를 지키는 것은 주식투자에 있어 기본 중의 기본이다. 여기에 더해 대안을 찾아야 한다. 바로 목표가와 손절가를 어떻게 정하는지를 찾아야 한다는 말이다. 그 해답은 '지지선'과 '저항선'에 있다.

지지선과 저항선이란

1) 지지선

철수의 수학성적 평균은 80점이다. "다음 시험에서 철수는 몇 점을 받을까?" 이 질문에 대한 답은 "여태까지 평균 80점 맞았는데 그 정도는 기본으로 하겠지"일 것이다. 80점은 심리적으로 믿는 점수이고 지지를 받는 점수이다. 또 철수는 조금만 더 열심히 한다면 90점을 받을 수 있는 기초 체력을 갖추고 있다. 성적이 오를 수 있는 힘이 있다는 말이다. 그런데 철수가 다음 시험에서 70점을 받았다면 어떻게 될까? '이제 철수가 항상 80점 받는 것은 어려울지도 몰라.'라는 불안감이 생긴다. 이제 철수는 80점이 지지를 받는 점수가 아닌 심리적인 한계점(저항점)이 된다. 주식에서도 이렇게 뒤에서 받쳐주는 심리적인 가격대가 있는데 이를 '지지선'이라 한다. 80점이 지지선이고 이 선이 무너지면 저항선으로 바뀐다.

2) 저항선

철수엄마는 10만 원을 들고 마트에 들렀다. 8만 원으로 MP3를 사고 남은 돈으로 아들 녀석 장난감을 사야겠다고 맘을 먹었다. 맘에 드는 MP3 중에 75,000원, 85,000원, 95,000원짜리가 있다. 철수엄마는 어떤 걸 구매했을까? 75,000원짜리 MP3를 구매했을 가능성이 높다. 왜냐하면 처음 예상한 8만 원이라는 가격제한이 심리적으로 영향을 미쳤기 때문이다. 주식도 이렇게 심리적으로 제한을 받는 기준점이 있다. 바로 '저항선'이다. 하지만 철수엄마가 아들 장난감은 다음에 사주기로 하고 85,000원짜리 MP3를 마음에 둔다면 95,000원짜리도 눈에 들어온 상태가 된다. 철수엄마는 '10만 원 아래면 OK!'라는 마음을 먹었고 동시에 아들에게 미안한 마음도 사라진다. 저항선을 돌파했기 때문에 나타나는 심리적인 현상이다. 저항선을 돌파하기기 힘들지, 돌파하면 안도감을 찾는다. 때문에 저항선은 지지선이 된다.

이제 주가와 지지선의 상관관계를 살펴보자. 지지선과 저항선은 기본적으로 '돌파했는가? 그렇지 않은가?'를 해석하는 것에 큰 의미가 있다.

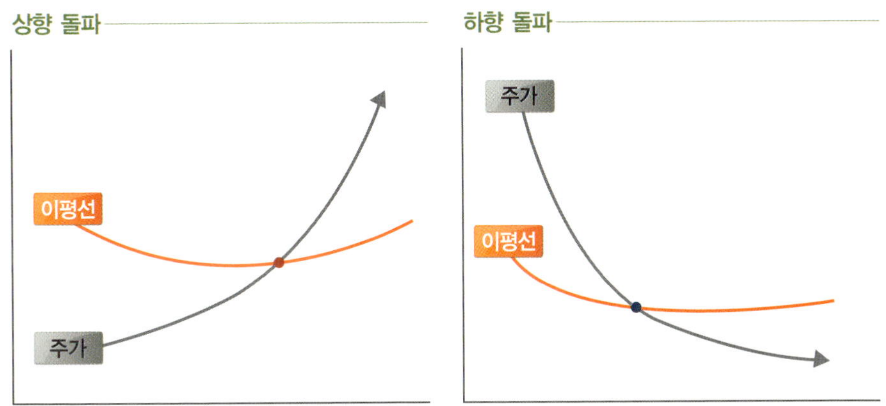

상향 돌파! 저항선을 돌파했다

주가가 저항선을 아래에서 위로 돌파하는 경우, '저항선을 돌파했다.'로 표현한다. 어느 한계점인 저항선을 뚫었다는 것은 기본적으로 매수신호를 의미한다.

하향 돌파! 지지선이 무너졌다

주가가 지지선을 위에서 아래로 돌파하는 경우, '지지선이 무너졌다는 것은'로 표현한다. 지지하던 버팀목이 무너졌다. 기본적으로 매도신호를 의미한다.

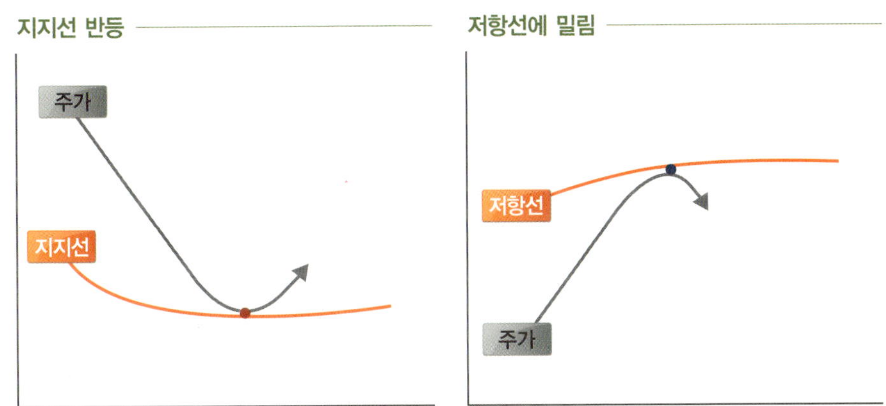

지지선 반등

주가가 지지선에 근처까지 내려왔다가 지지선을 돌파하지 않고 오르는 경우, '지지선 반등'이라 표현한다. 지지하던 버팀목이 무너지지 않아 결국 그 버팀목의 안정성을 확인한 셈이다. 이는 매수신호를 의미한다.

저항선 밀림

주가가 저항선 근처까지 올랐다가 저항선을 돌파하지 못하고 다시 하락하는 경우, '저항선에 밀렸다.'고 표현한다. 어느 한계점은 저항선을 뚫지 못함으로써 저항의 벽이 생각보다 큼을 확인한 셈이다. 이는 매도신호를 의미한다.

30 지지선과 저항선 그리고 목표가와 손절가

>>>>>>>>>>　기술적 분석에서 목표가와 손절가의 기준이 되는 대표적인 개념인 지지선과 저항선의 종류와 의미를 살펴보자. 다양한 지지선과 저항선을 개별적 관점에서 벗어나 복합적 관점에서 이해해야 하나 여기에서는 그 기본적 개념만 살펴보기로 하자.

지지선과 저항선의 종류

지지선과 저항선은 주가와 거래량의 의미 있는 변화지점을 포착하는 것으로 시작한다. 그 예가 고점과 저점, 추세선, 파동선, 이평선, 신고가와 신저가, 대량거래 하락음봉, 갭, 피보나치 황금비율, 피치포크 중심선 등이다. 유의할 점은 지지선과 저항선은 동전의 양면과 같아서 주가가 그 선의 위에 있으면 지지선이 되고, 그 아래로 내려가면 저항선이 된다는 점과 거래량이 많을수록 그 신뢰도가 높아진다는 것이다.

1) 고점과 저점

상승추세는 저점들이 상승하면서 만들어지고, 하락추세는 고점들이 하락하면서 만들어지는 현상을 보인다. 이를 이용한 것이 추세선의 기본 이론이다. 그림을 보면 주가의 상승추세가 고점을 상향 돌파(그림 ⓐ, ⓑ, ⓓ, ⓔ, ⓕ지점)하면서 만들어지고, 하락추세가 저점을 하향 돌파(그림 ⓖ, ⓚ지점)하면서 만들어지는 모습을 보인다. 이를 이용한 것이 고점저항선과 저점지지선의 개념이다.

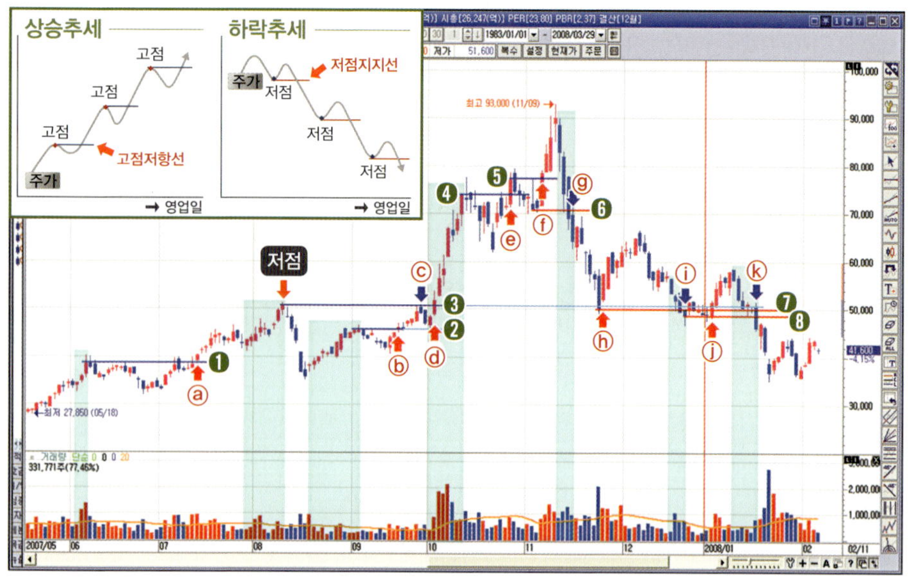

>>> ❶번 수평선은 전고점을 연결한 고점저항선이다. 고점을 찍고 난 후 주가는 이 고점저항선에 눌리면서 조정을 받는다. 이후 ⓐ지점에서 고점저항선을 상향 돌파하면서 주가는 다시 상승한다. 이때 많은 거래량을 보일수록 그 상승의 힘을 강해진다. 보통, 거래량의 많고 적음을 판단하는 방법 중 하나는 당일 거래량이 20일 거래이평선을 넘어섰는지 여부이다. 넘었다면 당일 거래량이 많았다고 해석한다. ❷, ❸, ❹, ❺번도 ❶번과 같은 고점저항선이다.

❻번 수평선은 전저점을 연결한 저점지지선이다. 주가가 최고점을 찍고 ⑨지점에서 ❻번 저점지지선을 하향 돌파하면서 본격적으로 하락하기 시작한다. 여기에서도 중요한 것은 하향 돌파하는 과정에서 큰 거래량이 동반되어 하락세의 힘을 크다는 것이다. ❼번과 ❽번도 같은 경우의 저점지지선이다.

2) 추세선

추세선은 주가가 파동을 그리면서 움직일 때 생기는 저점이나 고점을 연결하여 만든 선이다. 상승하는 저점들을 연결한 것이 추세지지선, 하락하는 고점들을 연결한 것이 추세저항선이다. (참조 : 24장. 주가 흐름의 비밀라인 추세선)

3) 추세파동선

하락폭이 큰 고점과 저점을 시발점으로 잡는다. 이후 발생하는 주가파동의 고점을 연결하여 저항선을 그리고 저점을 연결하여 지지선을 그린다. 이를 추세파동선이라고 한다. 추세선과 같은 의미이나 좀 더 광범위하게 확대한 것이라 생각하면 된다.

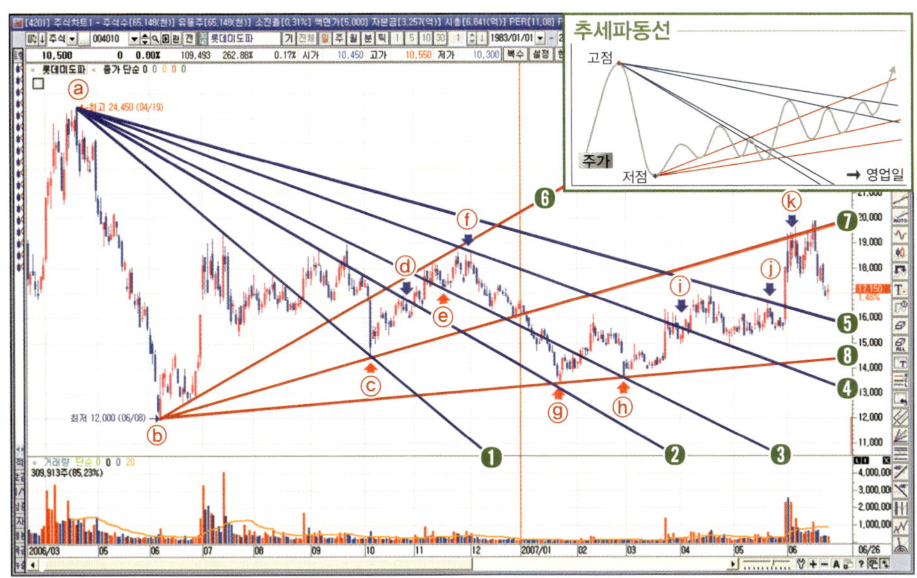

>>> 하락폭이 큰 지점에서 발생한 고점 ⓐ와 이후 발생한 고점들을 연결하면 저항선 ❶, ❷, ❸, ❹, ❺번이 차례대로 만들어진다. 하락폭이 큰 지점에서 발생한 저점 ⓑ와 이후 발생한 저점들을 연결하면 지지선 ❻, ❼, ❽번이 차례로 만들어진다. 이후 주가는 이 저항선과 지지선을 중심으로 때론 지지(ⓒ, ⓔ, ⓖ, ⓗ지점)를, 때론 저항(ⓓ, ⓕ, ⓘ, ⓙ, ⓚ지점)을 받으며 움직인다.

4) 이평선

이동평균선은 매우 안정적인 곡선이다. 주가보다 아래에 있는 이평선은 지지선의 역할을 하는 '이평지지선'이고 주가보다 위에 있는 이평선은 저항선의 역할을 하는 '이평저항선'이다. 지지선과 저항선의 개념에서 가장 중요한 이평선은 20일과 35일 이평선이다.

기본적으로 이평선은 주가 위에 있으면 저항선의 역할을, 주가 아래에 있을 때는 지지선의 역할을 한다. 여기에서 주의할 것이 있다. 이평선의 돌파와 반등은 매수/매도포인트가 되지만 이 하나만으로 판단하기에는 무리가 있다는 점이다. 따라서 이평선을 중심으로 매수/매도포인트를 잡을 때는 추세선, 거래량, 보조지표 등, 다른 여건을 살펴본 후 종합적인 관점에서 결정해야 한다.

5) 신고가

신고가는 일정 기간 동안 최고가의 기록을 깨는 것을 말한다. 이는 중요한 매수포인트이지만 무조건 매수는 위험하다. 일정 기간 동안 최고가를 갱신했다면 세력들은 더 오를 거라는 기대감 반, 천정권일 수도 있다는 두려움 반인 상태이다. 때문에 세력의 반응이 어떻게 갈릴지 알 수 없다. 이 신고가가 발생한 고점의 평행선을 '신고가 저항선'이라 한다.

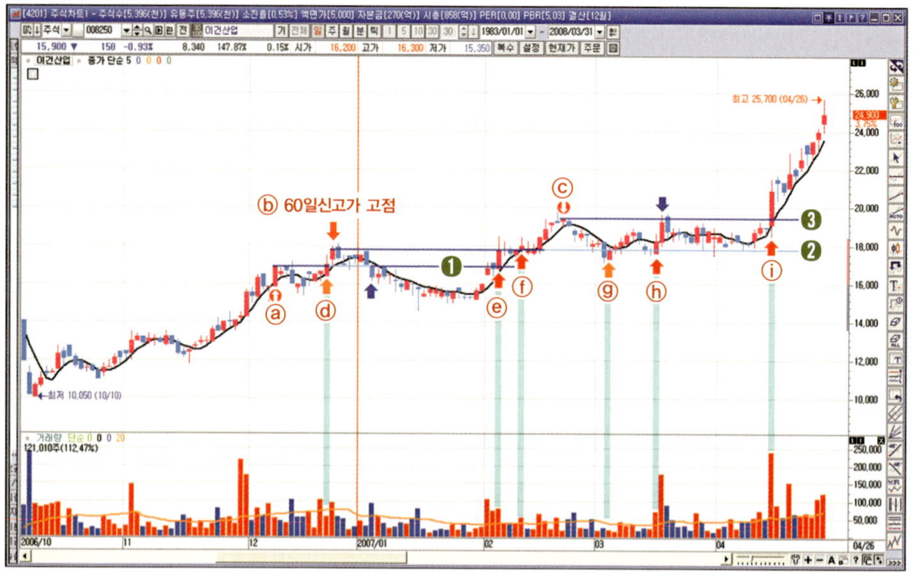

>>> ⓐ, ⓑ, ⓒ지점은 60일 신고가이면서 동시에 고점이다. 이 고점의 종가를 평행선으로 그은 ❶, ❷, ❸번 선이 '신고가 저항선'이다. 신고가 저항선은 천정권에 대한 두려움으로 발생한다. 이를 돌파할 때는 반드시 거래량이 동반되어야 상승추세를 유지할 가능성이 높다. 따라서 거래량이 부족한 ⓓ와 ⓖ지점보다는 거래량이 많은 ⓔ, ⓕ, ⓗ, ⓘ지점이 더 유리한 매수포인트가 된다.

❷번 신고가 저항선을 살펴보면, ⓕ지점 이전까지는 저항선의 역할을 하고, 그 이후 지지선의 역할을 하면서 ⓘ지점에서 본격적인 상승추세로의 전환에 성공한다. ❸번 신고가 저항선도 2개월 가까이 저항선의 역할을 하다 ⓘ지점에서 상향 돌파되면서 주가는 본격적인 상승추세로 전환된다.

6) 대량거래 하락봉 저항선

주가가 추세 하락하는 과정에서 발생하는 저항선으로 전일 대비 주가가 하락하면서 대량거래가 일어난 봉의 시가를 평행으로 그은 선이다. 이는 매도세가 강세를 보인 지점으로 이후 주가가 회복을 할 때 중요한 저항선으로 작용한다.

7) 엔벨로프(Envelope)

[HTS 지표사이드바] 기술적 지표 〉 채널지표 〉 Envelope

'주가는 이동평균선을 중심으로 과다하게 위나 아래로 움직일 경우, 다시 일정 기간의 안정된 값인 이동평균선으로 회귀하려는 성향이 있다.'는 전제로 만든 보조지표이다. 이동평균선과 일정한 비율로 상·하한선을 설정한 후 이를 지지선 또는 저항선으로 사용하는 지표이다. 위쪽 회색 점선이 엔벨로프 상한선(저항선)이고 아래쪽 점선이 엔벨로프 하한선(지지선)이 된다. 비율(k%) 설정은 과거 주가의 고점과 저점이 상·하한선 안에 들어오는 값으로 하면 된다. 엔벨로프 곡선은 ⓐ지점을 기준을 하여 엔벨로프 지표 설정 창에서 k값 15%(기간 : 20일 이평값)로 설정한 것이다. 이후 주가는 엔벨로프 하한선(지지선) 반등하는 모습(ⓓ, ⓕ지점)을 볼 수 있다. 국내 증시는 기간 20일 이평값 대비 비율(k값)을 설정하면 되고 참고로 비율이 클수록 곡선의 폭(상-하한선의 차이)도 커진다.

>>> ⓑ와 ⓒ지점은 대량거래(20일 거래이평값의 1.5배 이상)를 동반하면서 주가가 하락한 지점이다. 이 지점의 시가를 연결한 평행선인 ❶과 ❷가 '대량거래 하락봉 저항선'이 된다. 이후 주가는 이 저항선에 돌파(ⓔ지점)하기도 하고 밀리기(ⓕ)도 하면서 영향을 받게 된다.

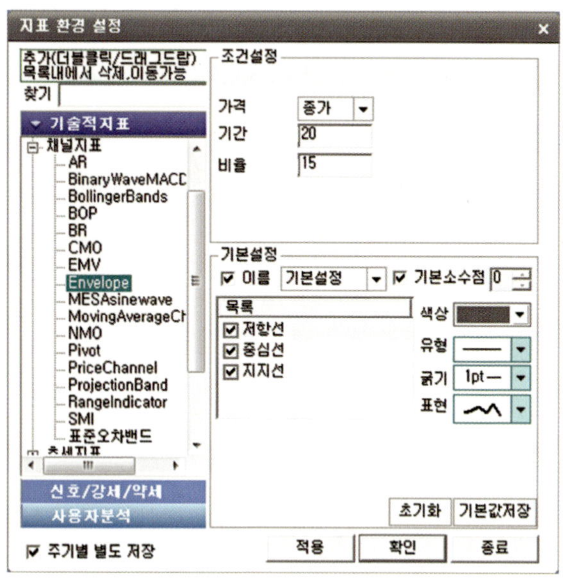

>>> 엔벨로프 지표 설정창

8) 앤드류 피치포크

[HTS 차트툴 메뉴] 앤드류 피치포크(포크 모양 아이콘)

앤드류 피치포크는 피보나치 팬라인이나 조정대에 비해 정확도가 높은 추세선이다. 주가가 하락에서 상승추세로 1차 반등할 때 이후 주가의 중–장기 움직임을 예측할 수 있는 지표이다.

'주가의 움직임은 중심선을 향해 움직이고 있을 가능성이 80%'라는 이론에서 출발했다. 따라서 중심선의 위치가 중요하다. 매매 관점에서 보면 지지선에 근접할 때 중심선을 향해 상승할 가능성이 80%이므로 매수포인트가 되고, 저항선에 근접할 때 중심선을 향해 하락할 가능성이 80%이므로 매도포인트가 된다. 이는 반등의 시작으로 만들어진 저점이 중심선 역할을 하고, 이후 발생한 고점이 저항선, 이후 발생한 저점이 지지선 역할을 하기 때문이다.

작성법 : 앤드류 피치포크 아이콘 클릭 후 주가가 하락추세 이후 처음으로 발생하는 상승파동(산 모양)으로 만들어진 시작 저점, 고점, 끝 저점 세 곳에 점을 찍으면 자동으로 완성된다.

9) 매물대

[HTS 지표사이드바] 기본 차트 〉 매물대 차트

거래가 집중되는 가격대를 막대의 크기로 표시한 보조지표이다. 일반적으로 시장은 거래량이 가장 많았던 가격대(가로로 길이가 가장 긴 막대)를 돌파하는 것을 부담스러워한다. 따라서 일종의 저항선의 역할을 한다. 물론 주가가 이 가격대를 상향 돌파하면 매물대는 지지선의 역할로 변경된다. 그리고 되도록이면 2년 동안의 봉을 펼쳐 놓은 상태에서 해석하고 중−장기적 관점에서 판단하는 것이 좋다.

>>> 2년 동안 거래량이 가장 많았던 가격대인 ❶번 구간의 평행선 영역이 지지선 역할을 한다. 주가는 그 다음으로 거래량이 많았던 ❷번 구간의 평행선 영역이 저항선 역할을 하면서 부딪칠 가능성이 많다. 이처럼 매물대는 중−장기적 관점에서 주가 변화를 예측해야 한다. 기본적으로 거래량이 많았던 2개의 구간을 기준으로 잡는다. 이때 매물대의 거래량이 다른 가격대보다 크면 클수록 매물대 지지선/저항선의 신뢰도는 높아진다.

목표가와 손절가

일반적으로 저항선은 목표가의 기준이 되고 지지선은 손절가의 기준이 된다. 이제 차트에 지금까지 배운 저항선과 지지선을 그어 보자. 그리고 현재의 주가보다 높은 저항선

중에서 의미가 있다고 생각하는 것들을 1차, 2차, 3차 등의 목표가로 잡는다. 이후에 주가가 여기에 도달하면 보유하고 있는 주식을 매도하는 것이다. 반대로 현재의 주가보다 낮은 지지선들 중 신뢰도가 가장 높다고 판단되는 것을 손절가로 정하고 이후 주가가 하락하여 이 지점을 무너지면 손해를 보더라고 보유하고 있는 주식 전량을 매도하는 것이다.

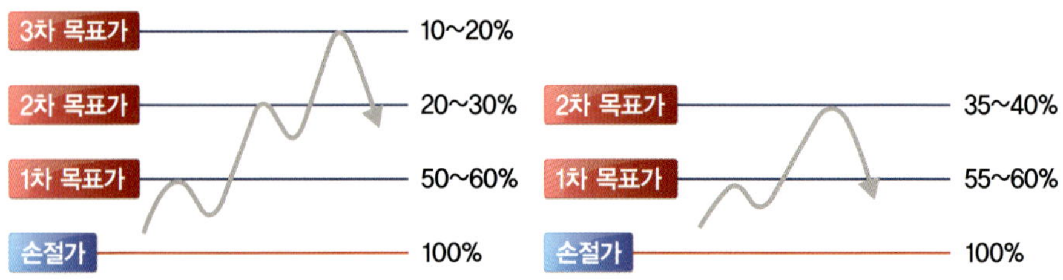

　권장하는 매매법은 1차, 2차, 3차 목표가에서 각각 보유 물량의 50~60%, 20~30%, 10~20%로 분할 매도하는 것이고 손절가에서는 전량 매도하는 것이다. 만약 1차, 2차 목표가만 있다면, 1차, 2차 목표가에서 각각 보유 물량의 60~65%, 40~35%에서 물량을 처분하는 게 좋다. 주식시장은 미련으로 버틸 곳이 아니다. 주가는 감정이 없다. 감정은 주식을 하는 사람에게 치명적이다. 주식은 원칙과 확률의 게임이다. 목표가와 손절가, 이 두 가지 기본 원칙을 놓치는 순간! 쪽박의 길로 접어들게 된다.

　예를 들어, 1차 목표가에 도달하거나 근접했다면 일단 보유 물량의 일부를 매도하고, 2차 목표가까지 갈 수 있는 힘이 있는지를 체크한다. 이때 힘이 부족하면 잔량을 모두 매도하고, 힘이 살아있다면 2차 목표가까지 기다린다. 그러다 2차 목표가에 도달하지 못하고 1차 목표가가 무너진다면 역시 잔량을 모두 매도한다. 하지만 2차 목표가를 달성했다면 또 보유 물량의 일부를 매도하고 추세와 힘을 살핀 다음 3차 목표가를 기다린다. 이때도 마찬가지로 추세와 힘이 없다면 당연히 전량 매도한다.

　이제 앞에서 배운 저항선과 지지선을 찾아 그릴 줄 알아야 한다. 모르면 HTS를 열고 반복 또 반복해야 한다. 보일 때까지 말이다.

마무리 하는 글

지금까지 주식투자의 정의, 실전에 들어가기 전 준비사항, 종목선정 방법, 기술적분석 등 기초적인 지식공부를 하였다. 많은 지식과 노하우가 쌓인 듯 머리는 뿌듯해지고 마음은 자신감으로 가득 차 있다. 그리고 콩밭을 향하고 싶어 심장이 두근거린다. 아니 어쩌면 벌써 꿈과 희망을 품고 주식계좌를 만들어 은행 문을 나서고 있는지도 모른다. 그리고 하늘 한 번 바라보고 행복하게 해주고 싶은 사랑하는 사람들의 환한 미소를 상상한다. 내 손은 마법사의 봉처럼 차트를 마음대로 조절하고 내 통장의 잔고는 황금 동전이 소나기 쏟아지듯 쌓이기 시작한다. 어쩌면 떠나간 옛 여친이 돌아올지도 모른다.

꿈 깨라. 정신 차려라. 그런 일 절대로 없다. 다시 12장으로 돌아가서 마음의 준비를 하자. 모의투자의 교훈, 최소 금액 투자, 로또주 꿈꾸지 않기, 목표가와 손절가 지키기, 분산투자, 자기 통제, 공부하기 등 이게 당면한 사안이다. 그리고 되도록이면 책 중간 중간에 소개한 고수들과 관련된 서적들도 잃어 보길 바란다.

의외로 많은 이들이 지인의 종목 추천으로 주식에 입문한 경우가 많다. 그들은 최고급 정보인 것처럼 말한다. 그리고 자신이 신호를 줄 때까지 팔지 말라는 확신도 준다. 주가는 널뛰듯이 큰 폭으로 움직이고 결국 지인이 남이 되고 남이 원수가 된다. 이런 권유에 빠지지 않는 방법은 간단하다. 내 자신에게 묻는 것이다. '이런 최고급 정보가 나에게만

왔을까?' 당연히 아니다. 이미 암암리에 널리 퍼진 정보이고 주가는 끝물을 타고 있을 때이다. 그러니 당연히 큰 손실을 볼 수밖에 없다.

마지막으로 모든 투자는 투자자 자신의 책임이라는 사실, 자신의 피 같은 돈을 남한테 맡긴다는 사실, 그곳은 안전한 은행이나 금고가 아니라는 사실을 명심하길 바란다.

그럼, 모두 원사성투! (原射誠投, 원칙을 사수하는 성실한 투자)

— 2012년 12월

박정석(Soan Park) 올림

INDEX

EXPLANATION

가격우선의 원칙
주식시장의 매매체결의 원칙 중 하나로 유리한 가격을 제시한 주문을 우선적으로 체결시키는 것

가수급
주식을 사려는 자금이나 팔 주식을 가지고 있지 않을 때 자금이나 주식을 빌려 사고 파는 이른바 공매
(short selling, 空賣)

가장매매
(wash sale) 실제 매매의사가 없으면서 서로 공모하여 매매가 이루어진 것처럼 하는 것으로 주가를 조작하거나 투자자 자신의 손실을 회피할 목적으로 하는 매매 거래이다.

가치주
실적이나 자산에 비해 기업 가치가 상대적으로 저평가됨으로써 낮은 가격에 거래되는 주식. 일반적으로 PER(주가수익비율)가 낮고, 시장에서 기업의 내재가치보다 낮게 평가되어 있는 종목에 장기적 관점에서 투자하는 방식을 취한다.

가치투자
자산가치나 수익가치에 비해 주가가 저평가되어 있는 종목에 투자하는 것

간접투자
증권에서 간접투자란 증권회사, 투자신탁회사 등의 투자전문가에게 돈의 운용을 맡기는 투자로 투자자는 수익증권, 뮤추얼펀드에 가입하는 방법의 투자

감리종목
주가가 단시간에 급등하여 거래소에 의해 요주의 주식으로 분류된 종목

감자
자본금을 감소시키기 위해 주식을 줄이는 것

강세장
(상승장, Bull Market) 주가가 오르는 추세의 시장

갭상승/갭하락
갭(gap)은 전일 고가와 당일 저가 사이에 형성된 공간(갭상승), 혹은 전일 저가와 당일 고가 사이에 생긴 공간(갭하락)을 말한다.

거래 수수료
주식을 살 때(매수) 부과되는 수수료

거래량지표
거래량의 변화형태를 주가 하락일과 상승일에 따라 각각 다르게 적용시킴으로써 현재의 가격추세와 시장강도를 확인할 수 있는 지표로 VR과 OBV 등이 대표적이다.

거래량과 주가
1) 거래량이 증가하면 주가는 상승 혹은 하락하고 거래량이 감소하면 주가는 조정에 들어간다. 2) 거래량에 변화 없는 상승추세 곧 하락추세로 전환되고, 거래량에 변화 없는 하락추세는 곧 상승추세로 전환된다. 3) 상승추세에서 적은 거래량으로 주가가 하락하면 상승추세가 유지되고, 하락추세에서 적은 거래량으로 주가가 상승하면 하락추세를 유지한다.

거래량과 추세선

추세선을 그어 놓은 다음 거래량으로 이 선이 추세를 유지하는 힘이 어느 정도인지를 확인하는 것이 중요하다. 상승추세이건 하락추세이건 그 추세를 계속 유지하려면 거래량이 동반되어야 신뢰가 높다.

거래소

상품, 유가 증권 따위를 대량으로 거래하는 상설 시장. 비영리 법인으로, 회원 또는 거래원만 직접 거래할 수 있으며 일반인은 이에 위탁하여 거래한다.

거래이평선

거래량의 이동평균값을 선으로 표현한 것

경기 방어주

경기 변동과 상관성이 적은 종목. 기호식품, 음료, 제약, 전력, 도시가스 등과 관련된 기업들이 여기에 속한다.

경기동행지수와 주가

현재의 경기상황을 파악하는데 사용되는 경기종합지수 지표로 주가와 동행하는 경향이 있다.

경기부양책과 주가

초기에는 통화량이 증가하여 주가가 상승하고 말기에는 인플레이션 발생으로 주가가 하락한다.

경기선행지수 구성지표

10가지 구성지표의 움직임을 종합해 작성한 지표로 경기선행지수가 100 이상이면 경기 팽창, 그 이하면 하강을 뜻하며 100 이하에서 높아지면 경기 침체에서 회복하는 것을 의미

경기선행지수와 주가

경기동향을 반영하는 지표들의 변화를 통해 보통 6~7개월 후의 경기를 예측하는 지수. 지수의 증가세는 앞으로의 주식시장의 상승을 예고하고 반대로 하락세는 주식시장의 하락을 예고한다.

경상수지와 주가

경상수지 흑자의 경우 해외자금유입 및 기업실적 호전으로 주가가 상승하고 경상수지 적자의 경우는 해외자금유출 및 기업실적 악화로 주가가 하락하는 경향이 있다.

경상이익률

(ratio of ordinary profit) : 경상이익률 = (경상이익 ÷ 매출액) x 100%
기업의 수익성을 영업활동뿐만 아니라 재무활동에서 발생한 경영성과를 총괄적으로 나타내는 지표로서 이 수치가 높다는 것은 순익이 크고 따라서 안정적인 기업이라는 것을 의미

경제성장률과 주가

경제성장률은 일정 기간 동안 국민경제(투자 · 산출량 · 국민소득)의 규모가 확대되는 속도를 나타내는 지표. 경제성장률과 주가는 중–장기적으로 동행하는 경향은 강하다. 하지만 이는 똑같은 비율로 증감하는 관계는 아니다.

고가

(high of each bar) 하루 동안의 가장 높은 가격

고객예탁금

증권회사가 유가증권의 매매거래 등과 관련하여 고객으로부터 받아 일시 보관 중인 예수금. 즉, 고객이 주식을 사기 위해 증권회사에 일시적으로 맡겨 놓은 돈을 말한다.

고점

주가가 오르락내리락 파동을 그리면서 움직이며 봉우리 모양을 만들 때 가장 큰 값을 가지는 위치

고정자산회전율

고정자산회전율 = 매출액 ÷ 고정자산 (회)

골든크로스

주가나 거래량의 단기 이평선이 중–장기 이평선을 아래에서 위로 돌파해 올라서는 현상

공매

(short selling) 자신이 가지고 있지도 않은 주식을 위탁보증금 적립하는 것만으로 증권사로부터 빌려 매도하는 행위. 이는 판 주식의 가격이 하락하면 그 주식을 다시 매입하여 시세차액을 얻을 수 있다.

공모주청약

회사를 설립하거나 증자할 때 일반투자자들로부터 자금을 모집하는 것을 공모라 하고 특히, 주식 공모는 신주를 발행하기 위해 청약자를 모집하게 되는데 이때 투자자가 해당 주식을 사겠다고 청약을 하는 것을 공모주 청약이라고 한다.

공시

주가에 영향을 줄 만한 기업 내용이 발생하면 정기 또는 부정기적으로 신속하게 투자자가 알 수 있도록 하는 제도

공황국면

(panic offering) 다우의 추세이론에서 약세시장의 제2국면으로 주가급락 현상이 나타나며 거래량도 급감되는 상황. 이후 주가는 긴 회복국면이나 보합상태가 나타나면서 약세시장이 지속된다.

과열국면

다우의 추세이론에서 강세시장의 제3국면. 경제와 기업수익에 대한 통계수치가 호조를 보이며, 신주발행도 급격히 증가고 매스컴에 증권시장에 대한 좋은 소식으로 넘쳐난다. 일반투자자가 주식시장에 적극적으로 뛰어들어 시장을 과열시킨다.

관리종목

거래소가 유가증권 상장 규정에 의거 상장 폐지 기준에 해당되는 종목 가운데, 특별히 지정한 종목

교수형 음봉

주가는 시가 대비 하락하는 모습을 보이지만 매수세가 살아나면서 저가보다 높은 가격을 형성한 상태로 천정권에서 하락추세로 반전될 수 있는 매도신호.

교환사채(EB)

(exchangeable bonds) 기업이 보유하고 있는 다른 회사 주식을 특정 가격에 교환해 주기로 하고 발행하는 회사채. 참고로 사채를 발행하는 기업의 주식으로 교환해 주는 것을 전환사채라고 한다.

국제유가와 주가

국제유가가 상승하면 경상수지 악화 및 기업실적 악화로 주가는 하락하고 반대의 경우에는 경상수지와 기업실적이 호전되어 주가가 상승하는 경향이 있다.

권리락

유상증자 시 주식 보유 주주는 일정 가격으로 신주를 청약할 수 있는 권리가 우선적으로 부여되는데 기준일 이후 새로운 투자자들이 신주 거래를 시작하면 그 권리가 자동적으로 소멸되는 것

근접 반등
주가가 지지선에 근접한 후 다시 반등하는 경우로 추세선상 중−장기 상승추세에서 유효 값이 높은 매수신호

근접 하락
주가가 저항선에 근접한 후 저항선을 뚫지 못하고 밀리는 경우로 단기적으로 강한 매도신호

금리선물
(interest rate futures) 금리변동에 따른 리스크를 헷징하기 위한 선물로, 미래의 일정 시점에서의 특정 금융자산의 예상수익률을 매매하는 것

금융긴축
(금융경색) : 자금의 수요가 공급을 초과하여 자금공급이 부족한 상태. 금융완화에 반대되는 개념으로, 일반적으로는 금융당국에 의한 금융긴축정책을 말한다.

금융선물
(financial future) 주가지수, 금리, 환율, 채권 등의 표준화된 금융상품을 대상으로 하는 선물

금융장세
유동성 장세라고도 불리는 금융장세는 불황기임에도 불구하고 기업실적과 상관없이 주식을 사려는 매수세, 즉 ‘돈의 힘’으로 주가가 오르는 경우

기관
주로 증권사, 투신사, 보험사, 종금사, 은행 같은 금융기관과 국민연금 등의 국내 기관투자가

기술적 분석
‘주가는 시장의 수요와 공급에 의해서 결정된다’는 가정 아래에서 출발한 분석법으로 이는 과거 주가와 거래량 등의 자료를 이용하여 주가 변화의 추세를 찾아내어 미래의 주가를 예측하는 방법

기업분석
기업의 대차대조표 · 손익계산서 등 재무제표나 각종 경영관련 자료를 종합하여 기업의 재무상태나 경영성과를 종합적으로 분석하여 해당 기업의 가치와 투자 안정성을 평가하는 것

기준선 설정
기술적 지표에서 과열 혹은 침체 단계를 구분 짓게 되는 기준값을 설정하는 것

나스닥(NASDAQ)
(NASDAQ, National Association of Securities Dealers Automated Quotations)
벤처 · 중소기업들의 주식을 장외에서 거래하는 나스닥 시장의 종합주가지수로 기준일 시가총액을 100로 하는 주가지수

납입자본회전율
납입자본회전율 = 매출액 ÷ 자본금 (회)

눌림목
상승추세의 주가가 짧은 기간 안에 조정을 받는 경우로 기술적 분석에서는 상승추세의 주가가 특정 저항선 아래에서 조정을 받는 경우이다. N자형 패턴은 이러한 눌림목 상태에서 다시 상승추세로 이어지는 대표적인 패턴이다.

니케이지수
(Nikkei 225) : 도쿄증권거래소의 225개의 대표종목의 주가를 단순 평균하여 발표하는 주가지수

다우의 추세이론

주가의 추이를 판단하는 분석법 중 가장 널리 사용되는 이론. 전반적인 경제동향분석뿐만 아니라 저점과 고점을 이용한 추세분석을 통해 현재 주식시장이 강세장인지 약세장인지를 파악한다.

다우존스지수

(Dow Jones industrial average) : 미국의 다우존스(Dow Jones)사가 뉴욕증권시장에 상장된 우량기업 30개 종목을 표본으로 하여 시장가격을 평균하여 산출하는 세계적인 주가지수

단기이평선

이동평균값을 연결한 선 중 5일, 10일 이평선

당기순이익

일정 기간의 순이익. 순이익이란 매출액에서 매출원가, 판매비, 관리비 등을 빼고 여기에 영업외 수익과 비용, 특별 이익과 손실을 가감한 후 법인세를 뺀 값이다.

당기순이익 성장률

(당기 당기순이익 − 전기 당기순이익) ÷ 전기 당기순이익 x 100%
 일정 기간의 기업의 실질적인 순이익인 당기순이익의 전년 대비 증가율로 주가형성에 가장 직접적인 영향을 미치는 지표

대량거래 하락봉 저항선

주가가 추세 하락하는 과정에서 발생하는 저항선으로 전일 대비 주가가 하락하면서 대량거래가 일어난 봉의 시가를 평행으로 그은 선. 이는 매도세가 강세를 보인 지점으로 이후 주가가 회복을 할 때 중요한 저항선으로 작용한다.

대주제도

(stock loan) : 증권사로부터 주식을 빌려서 이를 처분하여 자금을 마련한 후 상환일자에 동일한 주식을 매입하여 증권사에 상환하는 것. 이는 특정 주식의 주가가 내릴 것이라고 예상하고 주식을 빌린 후 팔고 이후 그 주식이 떨어질 때 사서 증권사에 다시 주어 차익을 남길 수 있게 된다. 참고로 주식이 아닌 자금을 빌리는 경우를 신용거래라고 하고 이는 주가가 오를 것이라고 예상하고 자금을 빌리는 경우이다.

대차거래제

기관이 타기관에게 자신이 보유하고 있는 유가증권을 빌려 주는 것으로 대주제도와 마찬가지로 주가가 내릴 것을 예상하고 주식을 빌려 팔고 이후 해당 주식을 다시 매입하여 갚는 차익거래이다.

대형주

상장종목을 기업규모에 따라 시가총액 상위 100위까지의 종목. 참고로 상위 101위부터 300위까지를 중형주로, 나머지 종목을 소형주로 분류한다.

데드크로스

주가나 거래량의 단기 이평선이 중–장기 이평선을 위에서 아래로 돌파해 내려가는 현상

데이트레이딩

(day trading) 하루 동안 분, 초 단위로 주가의 흐름을 파악하여 매매차익을 내는 방법. 가격의 움직임 폭이 큰 종목을 대상으로 하는 초단타 매매기법이다.

동시호가

시간외 거래 중 하나로 일정 시간 동안 받은 주문을 받은 다음 가격우선원칙과 수량우선원칙순에 따라 마감과 동시에 일괄적으로 매매를 체결시키는 것. 장 개시 전 8시부터 9시까지와 장 마감 전 14시 50분부터 15시까지 하루 두 차례에 걸쳐 실시된다.

레버리지효과

(지렛대효과) 타인으로부터 빌린 자본을 지렛대 삼아 자기자본이익률을 높이는 것. 만약 코스피200지수가 260포인트이라면 1포인트 당 선물가격이 50만원이므로 선물1계약은 260포인트 x 50만원 = 1억3천만원이 된다. 선물의 증거금율이 15% 즉 1억3천만원 선물1계약의 15% 돈(1천950만원)으로 계약이 가능하다. 이는 100%짜리 물건을 15%에 구매한 것이므로 15%의 돈으로 6.6배(선물에서는 레버리지라고 표현함) 물건을 구매한 효과를 발생시킨 것이다. 하지만 선물지수가 15% 변동하게 되면 수익이 날 경우 투자금의 100%수익이 나지만 손실을 보게 되면 투자금은 1천950만원은 잃게 된다.

마크업국면

다우의 추세이론에서 강세시장의 제2국면. 전반적 경제 여건이 좋아지고 기업의 수익도 증가하고 일반투자자 관심과 자금이 주식시장에 대거 유입되어 거래도 활발해져 주가가 상승한다. 기술적 분석의 적용이 가장 잘 되는 시기이다.

망치형 양봉

장중에 주가가 시가 이하로 내려갔지만 다시 시가 이상으로 상승한 경우로 바닥권이나 주가 상승 초기에 거래량을 동반하면서 나타날 때 매수신호로 해석한다.

매도

주식을 파는 행위

매도세

주식을 파는 세력이나 기세

매도정산금

주식을 매도한 후 현금화가 가능하기 전 2영업일 동안의 예수금

매도주문

주식을 팔고자 주문을 넣는 것

매도호가

팔거나 사려는 물건의 값을 부르는 것을 호가라고 하고 매도인이 부르는 가격

매매주문

주식을 거래하고자 매도 혹은 매수주문을 넣는 것

매매차익

주식을 산 가격보다 높은 가격에 팔아서 발생하는 이익

매매체결 원칙

공정한 가격형성이나 원활한 수급을 위한 일정한 매매규칙. 거래소에서 가격우선, 시간우선, 수량우선, 위탁매매 우선의 매매체결 원칙을 규정하고 가격·시간·수량 순서로 적용시켜 매매를 성사시킨다.

매물대

거래가 집중되는 가격대를 막대의 크기로 표시한 보조지표. 일반적으로 시장은 거래량이 가장 많았던 가격대(가로로 길이가 가장 긴 막대)를 돌파하는 것을 부담스러워한다.

매수

주식을 사는 행위

EXPLANATION

매수세

주식을 사는 세력이나 기세

매수주문

주식을 사고자 주문을 넣는 것

매수호가

팔거나 사려는 주식의 값을 부르는 것을 호가라고 하고 매수인이 부르는 가격을 매수호가라 한다.

매집국면

다우의 추세이론에서 강세시장의 제1국면. 경제 및 기업에 대한 전망이 불투명하고 매스컴에 어두운 경제기사가 넘쳐 일반투자자 투자심리가 위축된 상태의 약세장

매출액 성장률

매출액 성장률 = (당기 매출액 − 전기 매출액) ÷ 전기매출액 x 100%
기업의 신장세를 판단하는 주요 지표로 전년도 매출실적에 대한 당해 년도 매출액을 증가율로 표시한 것

매출총이익

매출총이익 = 매출액 − 매출원가

모멘텀지표

과도매도(Oversold)와 과도매수(Overbought) 상태를 파악할 수 있는 지표. 과도매도는 매도가 지속적으로 이루어져 주가가 떨어질 대로 떨어진 상태이고 과도매수는 매수가 지속적으로 이루어져 주가가 오를 만큼 올라가 있는 상태이다.

모바일트레이딩시스템(MTS)

(Mobile Trading System) : PC가 아닌 스마트폰 등의 모바일 기기를 이용하는 주식거래시스템

모의투자

실제 주식 거래와 유사하게 매매할 수 있는 가상의 매매 시스템

무상감자

주식회사가 자본금을 감소시키기 위해 주식을 줄이는 행위인 감자 중에서 주주에게 아무런 보상을 하지 않고 주식을 줄이는 것

무상증자

주식회사가 자본금을 늘리기 위해 주식을 추가로 발행하는 행위인 증자 중에서 주식 대금을 받지 않고 기존의 주식 보유자, 즉 주주에게 주식을 나누어 주는 것

물타기

(scale trading) : 매수한 주식의 주가가 하락할 경우 해당 주식을 추가로 매수하여 평균매수가를 낮추는 투자법. 만약 향후 주가가 추가 하락할 경우 손실이 눈덩이처럼 커지므로 가격 상승에 대한 강한 확신이 있을 때에만 적용해야 한다.

미국금리와 국내 주가

미국금리 상승 시 미국 증시하락 및 외국자본 국내 유출로 주가하락하고 반대의 경우 미국 증시상승 및 외국자본 국내 유입으로 증가상승하는 경향이 있다.

미수거래

증권사에 예치해 놓은 현금과 주식을 담보로 최대 2.5배까지 주식을 외상으로 살 수 있는 제도. 2영업일 뒤인 결제일까지 돈을 갚지 않으면 증권사가 반대매매를 통해 계좌에 있는 주식을 청산하게 된다.

미수동결계좌

미수거래 잔금을 완납하지 않아 증권사가 30일간 모든 증권계좌의 미수거래를 하지 못하게 된다. 이때 해당 계좌를 미수동결계좌라고 한다.

바닥권

하락 추세의 주가가 하락을 멈추고 상승세로 전환하였을 때 '주가는 바닥을 쳤다'고 표현하고 이때의 최저주가를 '바닥' 또는 '바닥권'이라고 한다.

바스켓(거래)

다수의 종목의 주식을 동시에 하나로 묶어 거래하는 것

박스권

매수세력과 매도세력의 힘이 비슷하여 주가가 일정한 가격대, 즉 박스권 안에서 오르내리는 것

박스권 매매

박스권에 갇힌 주가가 거래량을 동반하면서 추세저항선을 상향 돌파하는 시점이 매수포인트로 추세지지선을 하향 돌파하는 시점을 매도포인트로 하는 매매법

반대매매

미수거래 후 2영업일 뒤인 결제일까지 돈을 갚지 않아 증권사가 해당 계좌의 주식을 강제로 매도하는 것

발행시장

증권시장은 기능적 관점에서 유가증권을 발행, 인수, 모집하는 단계와 일단 발행한 증권을 매매하는 단계로 나눈다. 전자를 '발행시장' 후자를 '유통시장'이라고 한다.

배당금

회사가 수익이 발생했을 경우 주식 소유자에게 주는 이익 분배금

배당수익률

(dividend yield ratio) : 배당수익률 = (주당배당금 ÷ 현재 주가) x 100
앞의 결산기(전기)와 동일한 배당률로 배당한다고 가정하여 현재 가격으로 주식을 매입하여 결산기 말까지 보유할 때 몇 %의 배당수익을 얻을 수 있을까 예상하는 지표

배당수익투자

기업 즉 회사는 영업활동을 통해 이익이 일어나고 그 이익을 주주에게 배분하는 행위인 배당을 많이 주는 종목에 투자하는 것. 배당주의 경우 상당수의 종목들이 배당 자격이 부여되는 결산기 말을 기준으로 주가가 올라다가 이 일자가 지나면 주가가 하락하기 때문에 과거 배당성향, 현금배당률, 배당수익률이 높은 종목 중 기업의 성과에 비해 저평가되어 있거나 발전 가능성이 높은 회사를 선택하는 것이 좋다.

배당주

배당수익률이 높은 종목

베이시스

(basis) : 선물가격(future price)과 현물가격(spot price)의 차. 이 값이 (+)이면 콘탱고(contango, 정상시장), (−)이면 백워데이션(backwardation, 역조시장)이라고 한다. 이는 프로그램 매매의 기본 데이터가 된다. 백워데이션 추세라면 저평가된 선물을 사고 현물을 파는 매도차익거래가 콘탱고 추세라면 반대로 고평가된 선물을 팔고 현물을 사는 매수차익거래가 이뤄지게 된다.

보조지표
과거의 주가와 거래량을 다양한 방식으로 분석하여 현재와 미래의 주가상태를 예측할 수 있는 지표. 크게 모멘텀지표(이격도, 스토캐스틱…), 추세지표(소나, MACD…), 거래량지표(OBV…), 시장강도지표(신심리도…), 가격추세선지표(볼린저밴드…)로 나뉜다.

보통가 주문
보통가는 단순히 시장에 형성되는 가격을 보고 투자자가 직접 가격과 수량을 지정하여 내는 주식주문으로, 가장 많이 사용되는 방법이다.

보합장
주가가 상승세나 하락세를 타지 못하고 가격 변동의 폭이 없거나 작은 상태

볼린저밴드
이동평균선에서 표준편차의 일정 배수를 가감하여 이동평균선을 기준으로 만든 가상의 상한선과 하한선으로 구성된 지표. 주가가 볼린저밴드 상하선과 하하선 안에 들어올 가능성은 95% 이상으로 신뢰도가 매우 높다.

봉의 길이
봉은 몸체와 그림자로 구성되어 있고 시가와 종가 사이에 만들어진 사각형 박스 모양의 높이가 몸체의 길이. 참고로 고가와 저가로 만들어진 수직선이 그림자의 길이이다.

봉차트
주가의 시작가격(시가), 최대가격(고가), 최소가격(저가), 마감가격(종가)을 막대기 형태로 표현한 봉으로 이루어진 차트

부동산 경기와 주가
부동산 경기의 호조로 부동자금이 주식시장을 이탈하게 되고 이로 인해 주가는 하락, 반대의 경우 부동자금이 주식시장으로 유입되어 주가는 상승하는 경향이 있다.

부동자금
확실한 투자처를 찾지 못한 자금. 수시 입출금예금, 6개월 미만 정기예금/은행신탁, CD, MMF, RF, CMA, 증권사 고객예탁금 등을 묶어서 부르는 명칭이다.

부실주
전반적인 경영악화로 수익성 · 성장성 · 안정성이 현저하게 떨어져 주가가 매우 낮게 형성된 주식

부채비율
(debt ratio) : 부채비율 = 부채 ÷ 자본 x 100%
기업의 장기적 상환능력을 알 수 있는 지표. 자본규모에 비해 부채비율이 지나치게 높은 기업은 신규 차입이 어려울 것이므로 기업의 추가 자금 조달능력으로도 평가된다.

분봉(차트)
봉의 기본 단위가 하루가 아닌 분단위인 봉들로 구성된 차트로 주로 단기분석에서 사용된다.

분산국면
다우의 추세이론에서 약세시장의 제1국면. 증권시장의 여건은 아직 호황을 누리지만 추세선의 상향 기울기가 둔화되기 시작한다.

분산투자
(diversified investment) : 투자 위험성을 분산시키기 위해 투자처를 다양하게 하는 것으로 주식에서는 여러 종목에 나누어 투자하거나 주식 외에 채권, 전환사채 등에 분산하여 투자하는 것

블랙 먼데이

(black monday) : 1987년 10월 19일 월요일, 미국 뉴욕의 주가 대폭락 사건. 단 하루만에 전날의 2,246.74포인트에서 22.6%인 508포인트가 떨어져 1,738.74로 마감했고 수일 내에 전세계 주가의 대폭락을 가져와 전세계적으로 1조 7천억 달러가 증발됐다.

블루칩(우량주)

오랜 기간 안정적인 이익창출과 배당지급을 실행해 온 수익성·성장성·안정성이 우수한 대형 우량주

빠른화면찾기 기능

HTS에서 숫자를 입력하여 해당 화면을 찾는 기능

사내유보

(retained earnings) : 기업이 설비를 확장하거나 배당을 안정적으로 지급하는 등의 목적으로 당기순이익 가운데 일부분을 자기자본으로 저축한 것. 사내유보가 많을수록 주당 순자산가치가 높아지며 무상증자의 기대도 높아진다.

사이드 카

지수선물가격이 전일 종가 대비 5% 이상 (코스닥50 선물의 경우 6% 이상) 상승 또는 하락한 상태가 1분간 지속될 때 프로그램 매매를 5분간 중단시키는 프로그램 매매 호가관리제도

사케다 5법

일본의 기술적 분석의 대가인 사케다가 만든 5가지 투자방법으로 '상승추세 혹은 하락추세에서 주가의 파동은 세 번 이하일 가능성이 높다'는 가정을 기반하는 매매법. 삼산(三山), 삼천(三川), 삼병(三兵)이 대표적이다.

삼중바닥형

W자형 패턴 이후 주가가 한 번 더 비슷한 높이의 저점을 만들면서 반등하는 패턴으로 세 개의 저점이 나란히 있는 모양의 주가패턴. 세 번 연속 바닥일 확인한 셈이므로 W자형 패턴보다 가능성이 높은 상승추세로 반전을 알리는 신호이다.

삼중천정형

M자형 패턴에서 일시적으로 상승을 타다 밀리는 모양새로 세 개의 고점 봉우리가 나란히 있는 패턴. 결국 세 차례의 고점 돌파에 실패하여 하락추세로 전환하게 된다.

상대강도(RSI)

장의 추세와 추세의 강도를 알 수 있는 보조지표로 RSI는 특정 기간 동안의 주가 상승폭과 하락폭의 합계를 비율로 표현한다.

상승추세선

저점을 연결한 선의 기울기가 위로 향하는 추세선

상장

(listing, 上場) : 기업이 자금조달을 위해 발행하는 주식, 채권 등의 유가증권이 증권시장에서 매매될 수 있도록 증권거래소가 그 자격을 부여하는 것

상한가

국내 증시의 주식가격 최고 상승폭인 15%까지 오른 상태.

상향 돌파

골든크로스. 주가나 거래량의 단기 이평선이 중–장기 이평선을 아래에서 위로 돌파해 올라서는 현상

샅바형 양봉

주가가 시가대비 꾸준히 상승하다가 고가에서 매도세에 밀렸지만 여전히 시가보다 높은 가격으로 마감한 경우. 망치형 양봉과 마찬가지로 바닥권이나 주가 상승 초기에 거래량을 동반하면서 나타날 때 매수신호로 해석한다.

샛별형, 석별형, 십자형

장중에 주가는 고가와 저가를 오고 가며 매도세와 매수세가 팽팽한 줄다리기를 하여 시가와 종가가 비슷한 지점에서 만난 경우로 샛별형(시가〈종가), 석별형(시가〉종가), 십자형(시가=종가) 등이 있다. 천정권에서 추세반전이 예상되므로 관망하라는 중립신호로 해석한다.

서킷브레이커

(circuit breakers) : 주가가 폭락하는 경우 거래를 일시 정지시켜 시장을 안정시키는 제도. 종합주가지수가 전일종가 대비 10% 이상 하락이 1분 이상 지속될 경우 모든 주식의 매매거래를 30분간 정지시킨다.

선물

선물거래는 미래의 특정 시점(만기일)에 인도될 상품을 거래하는 시장으로 이 상품의 가격이 오를 거라고 판단되면 매수포지션, 내릴 거라고 판단되면 매도포지션에서 계약을 체결한 후 만기일에 그 예상이 맞는 만큼 수익이 챙기고 예상이 빗나간 만큼 손실을 보는 일종의 투기이다.

선물 · 옵션과 주가

주가지수선물의 순매수 증가, 콜옵션의 순매수 증가 시 주가는 상승하고
주가지수선물의 순매도 증가, 풋옵션의 순매수 증가 시 주가는 하락한다.

선차트(종가선차트)

주가를 시간적 흐름에 따라 하나의 선으로 표현한 차트

성장성 분석

기업의 매출액, 순이익 등의 경영성과나 자산규모 등이 전년 대비, 동기대비, 추세대비 얼마나 증가 또는 감소하였는가를 측정하는 것

성장성 투자

동업종 간 매출액 증가율, 이익 증가율 등의 성장성 지표가 높은 종목을 찾아 투자하는 것

성장주

수익신장률이 높은 기업의 주식. 장래 증자나 배당 증가가 기대되므로 현재 배당에 비하여 주가도 높은 편이다. 참고로 현재가 아닌 장래 신제품 · 신기술 등이 수익에 기여할 가능성이 있는 기업의 주식도 여기에 포함된다.

소나(sonar)

주가는 오르락내리락하며 일종의 사이클을 그리면서 움직인다. '오르다가 내리는 전환점', '내리다가 오르기 시작하는 전환점', 수학용어로 '변곡점'이라 부르는 이 시점을 기울기를 이용한 보조지표

소형주

상장종목을 기업규모에 따라 나누는 방식에서 시가총액순으로 나눌 때 301위 이상의 종목

손절가

주가가 하락할 때 손해를 감수하고 이후 추가 손실을 막기 위해 보유하지 않고 매도하는 손절매 기준가

손절매

(로스컷, loss cut, stop loss) : 주가가 하락할 때 손해를 감수하고 팔아 추가 하락으로 인한 2차 손실을 피하는 매도법

수급

(demand-supply, 수요와 공급) : 단일종목에서는 매도세와 매수세를 의미하고 시장 전체 관점에서는 신규 매입자금의 유입과 증권의 신규발행 등 자금조달의 의미로 사용된다.

수도

증권을 매매할 때 증권과 대금을 주고 받은 것. 이때 수도에 의해 매매계약을 이행하는 것을 수도결제라고 한다. 주식이나 채권 거래에서 수도일은 매매 후 3일째(3영업일)되는 날이다.

수량우선의 원칙

주식시장의 매매체결 원칙 중 하나로 "동일한 가격의 호가에 대 해서는 먼저 접수된 호가가 나중에 접수된 호가에 우선한다." 이는 주문 가격이 같다면 먼저 접수한 주문을 우선적으로 체결시키는 것이다.

수익성 분석

(profitability analysis) : 기업이 투하된 자본을 이용하여 일정 기간 동안 얼마만큼의 성과를 냈는지를 분석하는 것. 이러한 수익성은 과거의 수치와 대비하여 증가추세이거나 동일 업종 대비 높을수록 좋다고 판단할 수 있다.

스토캐스틱

(Stochastics) : 최근 주가 변동폭과 비교하여 현재 주가 흐름이 상승추세인지 하락추세인지를 파악하는 지표.

스톡옵션

(stock option) : 회사가 임직원에게 일정 기간이 지나면 일정 수량의 자사 주식을 사전에 정한 가격으로 매입할 수 있도록 부여한 권한. 당사자는 일정 기간 동안 주가가 오를 경우 차액만큼 수익을 얻을 수 있게 된다.

스프레드

(Spread, 가산금리) : 채권이나 대출금리를 결정할 때 대출자의 신용도에 따라 기준 금리에 추가되는 가중 금리. 신용도가 높으면 스프레드가 낮고 신용도가 낮으면 스프레가 높게 붙게 된다. 선물시장에서는 동일 시장에서 동일 상품이면서 만기월이 서로 다른 종목 간의 가격차 또는 서로 다른 시장이지만 동일 상품이고 만기월이 같은 상품 간의 가격차를 의미하기도 한다.

시가

주가의 시작가격

시가총액

상장된 모든 주식을 시가로 평가한 금액을 합한 총액. 주식시장이 어느 정도의 규모를 가지고 있는가를 나타내는 지표이다.

시간 외 거래

투자자의 편의를 도모하기 위해 정규 매매시간(오전9시 ~ 오후3시) 외 시간에 이루어지는 거래

시간 외 단일가매매

15시 30분부터 18시까지 거래가 되며 30분 단위로 매매가 체결된다. 시간 외 종가매매는 종가가격으로 매매를 하나 이는 종가에서 ±5% 가격 범위에서 내에서 매매할 수 있다.

시간 외 종가매매

장이 끝나면서 종가가 결정되면 15시 10분부터 15시 30분까지 종가가격으로 주문이 이루어지며 매수와 매도의 물량이 존재할 경우에만 매매가 체결된다.

시간우선의 원칙

저가의 매도호가는 고가의 매도호가에 우선하고 고가의 매수호가는 저가의 매수호가에 우선한다는 주식 매매체결 원칙 중 하나

EXPLANATION

시장가 주문

가격을 지정하지 않고 수량만 지정하는 형태로 현재 거래가 되는 종목을 주문시점에서 바로 매매가 체결이 되도록 하는 방법

시장강도지표

세력의 강도와 주가, 거래량과 밀접한 관계를 분석한 지표

신고가

일정 기간 동안 최고가의 기록을 깨는 것

신심리도

N일 간의 주가 상승 일수와 상승폭, 주가 하락 일수와 하락폭을 이용해 시장의 침체 및 과열 정도를 파악함으로써 시장의 심리상태를 보다 정확하게 표현한 지표

신주인수권부사채(BW)

(Bond with Warrant, 신주인수권부 사채) : 일반사채에 신주를 발행하는 경우 주식을 인수할 수 있는 권리가 추가로 부여된 회사채. 즉, 투자자에게 사채 이자소득 뿐만아니라 주식 배당소득을 부여함으로써 기업의 원할한 자금조달을 촉진시킬 수 있다.

실망매물

하락 추세 중인 주가가 반등할 것이라 생각했지만 오히려 추가 하락을 보일 때 주가 상승에 대한 기대를 버리고 매도하는 물량을 말하며, 대게 매도물량이 대량으로 발생하는 투매현상이 나타난다.

실적장세

금융장세가 끝나고 경기가 본격적으로 회복되기 시작하면서 주식시장이 전반적으로 활기를 띠는 장세

실질성장률

국민총생산(GNP)의 크기를 단순 시가로 표시하는 명목성장률에서 물가상승분을 제한 것. (실질성장률 = 명목성장률 − 물가상승률). 예를 들어 명목성장률이 5%, 물가상승률이 3%라면 실질성장률이 2%가 된다.

안정성 분석

기업활동을 원활하게 진행할 수 있는 안정적인 재무구조를 갖추고 있는지를 분석하는 것. 대게 동일 업종간의 수치 비교로 그 안정성을 판단한다.

액면가

주권에 표시되어 있는 가격

액면분할

납입자본금은 그대로 두고 기존 발행한 주식을 일정 비율로 분할하여 발행 주식의 총수를 늘리는 것. 예를들어 액면가 5천 원(현재가 10만 원)인 1주를 다섯로 나누어 1천 원짜리 5주(현재가 2만 원)로 만드는 경우이다. 이렇게 되면 낮아진 주가에 투자자들이 관심을 보이게 되고 거래가 활발해지게 되어 기업의 자금 유동성을 확보할 수 있게 된다.

앤드류 피치포크

가가 하락에서 상승추세로 1차 반등할 때 이후 주가의 중−장기 움직임을 예측할 수 있는 지표. '주가의 움직임은 중심선을 향해 움직이고 있을 가능성이 80%'라는 이론에서 출발했다.

약세장

(bear market, 하락장) : 주가가 하락하는 추세의 시장

양도성예금증서

(CD, certificate of deposit) : 은행이 정기예금에 대하여 발행하는 무기명의 예금증서. 예금자는 이를 금융시장에서
자유로이 매매할 수 있다.

양봉

봉차트에서 종가가 시가보다 큰 경우의 봉

양봉 장악형 음봉

전일의 장대양봉을 50% 이상을 장악하는 장대음봉이 출현한 모습. 주로 천정권에서 강력한 하락전환 신호이며 봉신호
중에서도 신뢰도가 높다.

업종 대표주

업종 대표주는 시가총액, 재무구조, 부채비율, 시장점유율, 브랜드파워 등 다양한 항목에서 동업계 우위에 있으면서 주
가의 상승을 주도하는 종목

엔벨로프(Envelope)

'주가는 이동평균선을 중심으로 과다하게 위나 아래로 움직일 경우, 다시 일정 기간의 안정된 값인 이동평균선으로 회
귀하려는 성향이 있다.'는 전제로 만든 보조지표

역금융장세

실적장세에서 본격적으로 경기가 호황국면에 들어서면 기업의 자금수요가 과다해지고 소비수요도 확대되면서 인플레
이션이나 국제수지 불균형 등으로 연결되어 정부는 금융규제로 금융긴축에 나서게 되는 장세

역배열(이평선)

차트상에서 장기이평선–중기이평선–단기이평선이 위에서부터 차례로 배열된 상태

역실적 장세

경기 후퇴기 이후 본격적인 불황기로 진입하면 경기에 민감한 산업군의 기업수익이 악화되어 결국 큰 폭의 적자를 보
게 되어 주식시장에서 투매현상이 나타나는 장세

역 헤드 앤 숄더

삼중바닥형패턴 중 가장 낮은 가운데 저점을 중심으로 이보다 높은 저점이 좌우로 위치하고 있는 모양새의 패턴.

연기금

연금(pension)과 기금(fund)을 합친 말로 국민연금기금, 공무원연금기금, 사학연금기금, 군인연금기금이 대표적이다.

영업이익 성장률

영업이익성장률 = (당기 영업이익 – 전기 영업이익) ÷ 전기영업이익 x 100%
매출총이익에서 판매비와 관리비를 차감하여 계산하는 영업이익의 전년 대비 증가율

영업이익률

(operating profit percentage) : 영업이익률 = (영업이익 ÷ 매출액) x 100%
기업이 제품과 서비스를 팔아 어느 정도의 부가가치를 창출하고 있는지를 나타내는 지표. 영업이익률이 높다는 것은
이윤 남는 장사를 잘 하고 있는 안정적인 기업이라는 것을 의미한다.

영업현금흐름

(cash flow for operation) : 기업의 영업활동에 의한 현금유입(매출, 이익, 예금이자, 배당수입 등)이나 현금유출(판공
비, 대출이자, 법인세 등)

EXPLANATION

예수금

거래에 관계된 자금 등을 미리 받아두는 것으로 증권에서는 주식거래를 위해 증권계좌에 넣어둔 돈을 의미한다.

옐로칩

중저가 우량주로 블루칩보다는 시가총액이 작지만 재무구조가 안정적이고, 대부분 업종을 대표하는 우량 종목들로 중가 블루칩이라고도 한다.

오버나이트

금융기관이 다른 금융기관으로부터 빌리는 만기 하루짜리(overnight)인 초단기 외화자금. 선물·옵션에서는 포지션을 당일에 정리하지 않고 다음날까지 갖고 가는 것을 말한다.

옵션

특정 시점(만기일)에 인도될 상품을 정해진 가격으로 사거나 팔 수 있는 권리

외국인

외국계 기관투자가(IB, 투자은행)가 주를 이루며 이 밖에 뮤츄얼 펀드, 헤지펀드, 연기금, 투자자 그룹, 개인 등이 있다.

우량주

블루칩

우선주

표준이 되는 주식인 보통주보다 이익배당, 이자배당, 잔여재산 분배 등의 재산적 내용에 있어서 우선적 지위가 인정되나 보통 결의권이 없는 주식.

월봉(차트)

봉의 기본 단위가 하루가 아닌 월단위인 봉들로 구성된 차트. 주로 중-장기 분석에서 사용된다.

위탁매매우선의 원칙

주문가격과 시간이 같다면 많은 수량을 주문을 우선적으로 체결시키는 것으로 동시호가매매의 경우에만 적용되는 주식시장 매매체결의 원칙 중 하나

유동비율

(current ratio) : 유동비율 = 유동자산 ÷ 유동부채 x 100%
기업의 단기적인 상환능력을 알 수 있는 지표. 1년 이내에 만기가 도래하는 유동부채를 갚기 위해 어느 정도의 유동자산이 확보되어 있는가를 파악하는 것이다.

유동성

자산을 현금으로 전활 수 있는 능력의 정도

유보율

(reserve ratio) : 유보율 = (자본잉여금 + 이익잉여금) ÷ 납입자본금 x 100%
기업이 동원할 수 있는 자금량을 측정하는 지표. 이는 사내유보의 정도로 유보율이 높을수록 불황에 대한 적응력이 높고 무상증자 가능성도 높다.

유상감자

주식회사가 자본금을 감소시키기 위해 주식을 줄이는 행위인 감자 중에서 주주에게 현금을 돌려주고 주식을 줄이는 것

유상증자
주식회사가 자본금을 늘리기 위해 주식을 추가로 발행하여 증자하는 것

유성형 음봉
주가는 시가 대비 상승하는 모습을 보이다가 결국 매도세에 의해 시가 아래까지 밀린 상태로 청정권에서 하락추세로 반전될 가능성이 높은 매도신호

음봉
시가보다 주가가 내려가 있는 경우에 만들어지는 봉

음봉 장악형 양봉
당일의 양봉이 전일의 장대음봉을 50% 이상 감싸는 형태로 바닥권에서 발생하면 상승반전의 신호일 가능성이 높다.

의결권
주주의 권리와 의무 중 주주총회에 출석하여 어떤 결의에 참가할 수 있는 권리

이격도
주가와 이평선의 간격비율을 이용하여 주가 추세의 전환을 예측하는 지표

이동평균선(이평선)
보통, 이평선이라는 약칭으로 더 많이 사용되는 이동평균선은 일정 기간 동안의 주가를 평균한 것 값인 이동평균값(moving average. MA)을 연결한 선

이익배당금
기업활동으로부터 얻은 누적된 이익을 원천으로 하여 주주 또는 출자자에게 그 출자 및 지분비율에 따라 분배하는 것

이익배당청구권
주주의 권리와 의무 중 주주는 회사에 이익이 있을 경우 그 이익을 나눠 달라고 요청할 수 있는 권리

이자보상배율
(interest coverage ratio) : 이자보상배율 = 영업이익 ÷ 이자비용
기업의 영업이익으로 이자를 얼마나 감당할 수 있는지를 보여주는 지표. 이자보상배율이 1보다 낮다는 것은 정상적인 영업활동을 통해 이자도 지급할 수 없는 수준이므로 채무구조조정이 필요한 상태를 의미한다.

이중바닥형
W자형 패턴으로 비슷한 높이에 있는 저점 두 개가 나란히 있는 패턴. 바닥권에서 자주 발생하는 추세 전환 패턴으로 두 개의 비슷한 저점으로 두 번 연속 바닥을 확인한 모양새이므로 이후 상승추세로 전환될 가능성이 높다.

이중천정형
M자형 패턴으로 비슷한 높이에 있는 고점 두 개가 나란히 있는 패턴으로 마치 두 개의 봉우리로 된 산의 모양을 갖고 있다. 천정권(상투권)에서 자주 발생하는 추세 전환 패턴이다.

일봉(차트)
주가흐름을 파악하는데 가장 유용한 지표인 봉차트 중 그 기준 단위가 하루(1일)인 봉

자사주매입
기업이 자기 자본으로 자신의 회사 주식을 매수하는 것으로 주가가 지나치게 낮게 평가되어 적대적 기업인수합병 등에 대비해 경영권을 보호하기 위해서나 주가 관리 차원에서 유통되고 있는 주식의 물량을 줄이는 방법으로 주가 상승 요인을 만들어 주기 위해 자사주를 매입한다.

자전거래

(cross trading) : 한 증권회사가 고객들로부터 한 가지 주식에 대해 동일수량·가격의 매입과 매도주문을 동시에 받았을 때 주로 이루어지는 거래로 대주주와 계열사, 기관투자자 간에 대량으로 주식을 이동시킬 때 사용된다. 주가 급등락을 야기하는 대량주문을 신속 · 원활하게 처리할 수 있으나, 시장 내 경쟁매매에 참여하는 주문량을 감소시킬 수 있다.

작전주

세력들이 공모해 특정 주식의 주가를 조작하여 이익을 취득하는 것을 작전이라고 하고 이때의 특정 주식을 작전주라고 한다. 주가가 낮고 펀드멘탈이 좋은 종목의 주식을 대량으로 확보한 후 세력끼리 사고팔면서 주가를 올리게 된다. 이렇게 되면 일반투자자들의 매수도 늘어나게 되어 주가는 자연스럽게 상승하게 된다. 작전주세력들은 적절한 시점에 자신들의 물량을 매도하여 큰 차액을 챙기고 빠져나가고 이후 주가는 폭락하게 되어 일반투자자들은 큰 손실을 보게 된다.

장기 이평선

이동평균값을 연결한 선 중 90일, 120일, 240일, 306일 이평선

장대양봉

몸체가 긴 양봉 형태. 장이 시작했을 때부터 종료할 때까지 강한 매수세가 꾸준히 유입되면서 주가가 큰 폭으로 상승 마감한 경우이다.

장대음봉

몸체가 긴 음봉 형태. 장이 시작했을 때부터 종료할 때까지 강한 매도세가 꾸준히 유지되면서 주가가 큰 폭으로 하락 마감한 경우이다.

장세분석

경기의 전체적인 사이클을 이용하여 주가의 흐름을 확인하고 그 흐름과 시장 특성을 분석하면서 주식 투자 시기와 종목을 결정하는 것

재고자산회전율

(inventory turnover ratio) : 재고자산회전율 = 매출액 ÷ 재고자산 (회)

재료주

호재성 재료가 언론매체, 공시, 루머 등에 의해 시장에 알려지면서 재료 가치에 의해 주가가 상승하게 된 종목

저가

특정 기간 동안의 최저 가격

저점

주가가 오르락내리락 파동을 그리면서 움직이며 계곡 모양을 만들 때 가장 작은 값을 가지는 위치

저항선

주가가 어느 수준까지 오르면 가격을 더 이상 오르지 못하고 멈추게 하는 매도세력이 나타나는 데 이를 저항이라 하며 이때의 수준을 저항선이라 한다.

저항선 밀림

주가가 저항선 근처까지 올랐다가 저항선을 돌파하지 못하고 다시 하락하는 경우로 매도신호를 의미한다.

전환사채(CB)

(Convertible Bond) : 일정한 조건에 따라 사채를 주식으로 전환할 수 있는 권리가 부여된 회사채.

점상/점하

시가, 종가, 고가, 저가가 같은 경우로 하나의 점(—) 모양인 봉. 점상은 주가가 전일 대비 상승한 상태로 거래량은 적지만 강력한 상승에너지를 지니고 있고 점하는 주가가 전일 대비 하락한 상태로 강력한 하락에너지를 지니고 있다.

점차트(삼선전환도, P&F)

선차트가 주가를 시간적 흐름에 따라 하나의 연속된 선으로 표현한 것이라면 점차트는 시간적 흐름을 무시하고 주가만을 다양한 방법으로 표현한 차트로 P&F(Point & Figure), 삼선전환도가 대표적이다.

정배열(이평선)

차트상에서 단기이평선–중기이평선–장기이평선이 위에서부터 차례로 배열된 상태

조건부지정가 주문

주식 매매 주문방법의 중 하나로 일정한 가격을 우선 정한 뒤 그 가격에 체결이 되면 주문이 끝나는 것이며 만약 장중에 체결이 되지 않으면 장 마감 전 10분간의 동시호가 시간에 시장가 주문으로 전환되는 주문

조정

주가가 원래의 추세에서 멈추고 반대로 가는 현상

종가

주식시장에서 마지막으로 체결된 가격, 즉 폐장하기 직전의 주식가격

종합주가지수(KOSIPI)

(KOSIPI, Korean Composite Stock Price Index)
상장된 기업의 주식변동을 기준시점과 비교시점의 시가총액의 비를 표현한 대표지수.
종합주가지수 = [비교시점의 시가총액 / 기준시점의 시가총액] ×100

주가의 반복성

주가는 특정 상황에서 과거의 형태를 반복하게 되는 현상

주가의 지속성

주가는 관성처럼 외부에 힘을 가하지 않는 한 진행방향을 유지하려는 경향

주가의 회귀성

주가가 이동평균선을 중심으로 과다하게 위나 아래로 움직일 경우, 안정된 값인 이동평균선으로 회귀하려는 경향

주가지수선물

선물거래 중 주가지수를 매매대상으로 하는 선물

주가지수옵션

주가지수를 장래에 사거나 팔 수 있는 권리를 매매하는 옵션

주가패턴

주가는 다양한 모양의 곡선은 그리면서 움직이게 되는데, 특정한 모양에서는 일정한 형태로 주가가 변화하는 경향 때문에 만들어진 특별한 모양의 주가 형태

주문가능현금

추정예수금 + 예수금

주봉(차트)
봉의 기본 단위가 하루가 아닌 주단위인 봉으로 구성된 차트. 주로 중–장기 분석에서 사용된다.

주식
주식회사의 자본의 구성단위로서의 금액과 주주의 회사에 대한 권리·의무를 내용으로 하는 지위

주식시장 세분화
종목을 시장 및 종목의 특성이나 가치에 따라 분류시켜 범위를 좁혀 가면서 접근하여 종목을 선정하는 방법

주식형 펀드
주식 및 주식관련 파생상품에 60% 이상을 투자하는 펀드. 변동성이 큰 주식에 투자하는 것이므로 큰 수익을 얻을 수 있지만 반면 큰 손실을 입을 위험도 높다.

주식회사
주식의 발행으로 설립된 회사. 주주의 지위가 균등한 비율적 단위로 세분화된 주식을 가지고, 사원은 주식의 인수가액을 한도로 회사에 대하여 출자의무를 부담할 뿐, 회사채무자에 대하여 아무런 책임을 지지 않는다.

주주유한책임의 원칙
주주의 권리와 의무에서 주주는 자신이 주식에 투자한 금액만큼만 책임지고 이외에는 아무런 의무도 지지 않는다는 원칙

주주의 권리와 의무
주주는 이익배당청구권, 의결권 등의 다양한 권리를 갖는 반면 자신이 주식에 투자한 금액만큼만 책임지고 이외에는 아무런 의무도 지지 않는다(주주유한책임의 원칙).

중기 이평선
이동평균값을 연결한 선 중 20일, 35일, 60일 이평선

중형주
상장종목을 기업규모에 따라 나누는 방식에서 시가총액 순으로 나눌 때 101위부터 300위까지의 종목

증거금
주식을 매매할 경우 약정대금의 일정비율에 해당하는 금액을 미리 예탁해야 하는 보증금

증권거래세
주식, 채권 등의 유가증권을 양도하는 경우 부과하는 세금. 주식의 경우 매도시 0.3%가 징수된다.

증자
주식을 발행해 회사의 자본금을 증가시키는 것

지지선
주가가 어느 수준까지 떨어지면 가격을 더 이상 내리지 않고 멈추게 하는 매수세력이 나타나 추세 전환을 이루는데 이 때의 수준을 지지선이라 한다.

지지선 반등
주가가 지지선에 근처까지 내려왔다가 지지선을 돌파하지 않고 되치고 오르는 경우로 매수신호를 의미한다.

직접투자
주식에서 직접투자란 자신이 직접 증권 계좌를 개설하여 자신의 판단으로 주식 매매를 하는 것
이에 반해 간접투자는 증권회사, 투자신탁회사 등의 투자전문가에게 돈의 운용을 맡기는 투자방법이다.

차트(주가차트)

매일매일의 주간변동을 실시간으로 기록해 놓은 주가분석 툴로 주가의 흐름, 수급의 변화, 패턴 등을 분석할 수 있다.

채권(bond)

(Bond) 정부, 공공단체, 주식회사 등이 일반 투자자로부터 거대 자금을 일시에 조달 받기 위해 투자자에게 발행하는 차용증서

채권형 펀드

국공채, 회사채 등의 채권에 60% 이상 투자하도록 설계되어 있는 펀드. 주식관련 상품에 투자하지 않아 위험은 적지만 그만큼 수익률은 낮은 편이다.

천정권

상승 추세의 주가가 상승을 멈추고 하락세로 전환하였을 때 '주가는 천정을 쳤다'고 표현하고 이때의 최고주가를 천정 혹은 천정권이라고 한다.

청산가치

(liquidating value) : 현시점에서 기업의 영업활동을 중단하고 청산할 경우 회수 가능한 금액의 가치

총자본 성장률

총자본성장률 = (당기 총자본 − 전기 총자본) ÷ 전기 총자본 x 100%
기업에 투하되어 운영되고 있는 총자본이 전년 대비 증가율로 기업의 전체적인 성장규모를 알 수 있는 지표이다.

총자본회전율

총자본회전율 = 매출액 ÷ 총자본 (회)

최우선 지정가 주문

주식 매매 주문방법의 중 하나로 단가를 지정하지 않고 수량만 주문하면 매수주문의 경우는 최우선 매수호가의 가격으로, 매도주문의 경우에는 최우선 매도호가의 가격으로 지정되는 주문

최유리 지정가 주문

주식 매매 주문방법의 중 하나로 단가를 지정하지 않고 수량만 주문하면 매수주문의 경우는 최우선 매도호가의 가격으로, 매도주문의 경우에는 최우선 매수호가의 가격으로 지정되는 주문

추세분석

주가는 관성처럼 외부에 힘을 가하지 않는 한 진행방향을 유지하려는 경향을 이용한 분석

추세 이탈

주가가 추세선을 상향 돌파하거나 하향 돌파하는 경우. 즉 주가가 상승추세에서 하향 돌파, 하향추세에서 상향 돌파하는 경우

추세 전환

추세 이탈 후 상승추세가 하락추세로 하락추세가 상승추세로 바뀌는 것

추세대

추세대는 저점을 연결한 지지선과 고점을 연결한 저항선을 동시에 그릴 때 발생하는 두 선 사이의 공간으로 삼각형, 역삼각형, 삼각형 등의 다양한 모양이 있을 뿐만 아니라 기울기도 우상향, 우하향, 평행한 상태 등 다양하다.

추세대 패턴

동일 기간 동안 고점을 연결한 추세저항선과 저점을 연결한 추세지지선으로 만들어진 영역(추세대)을 삼각형, 사각형 등의 특정 모양으로 나타나는 것

추세선

추세선은 주가가 파동을 그리면서 움직일 때 생기는 저점이나 고점을 연결하여 만든 선. 상승하는 저점들을 연결한 것이 추세지지선, 하락하는 고점들을 연결한 것이 추세저항선이다.

추세파동선

하락폭이 큰 고점과 저점을 시작점으로 하여 이후 발생하는 주가파동의 고점을 연결하여 저항선과 저점을 연결하여 지지선을 만드는 것

추정예수금

매도정산금의 합계

출자전환

자금난에 빠진 기업의 재무구조를 개선하기 위해 채권자인 금융기관이 기업의 빚을 탕감해 주는 대신 그 기업의 주식을 취득하는 방식으로 부채조정을 해 주는 것.

침체국면

다우의 추세이론에서 약세시장의 제3국면. 공황국면의 급락으로 주가는 일시적 회복을 반복하나 보유주식을 현금화하려는 매도세로 완만한 하락세가 지속된다.

코스닥종합지수(KOSDAC)

(Korea Securities Dealers Automated Quotation, KOSDAQ)
코스닥시장에 상장된 전 종목을 대상으로 산출되는 시가총액지수.
코스닥종합지수 = [비교시점의 시가총액 / 기준시점의 시가총액] ×1000

코스피200지수(KOSPI200)

국내를 대표하는 주식 200개 종목의 시가총액을 지수화한 것. 200개 종목은 시장 대표성, 유동성, 업종 대표성을 고려하여 선정하며, 현재 주가지수 선물 · 옵션 시장의 기준 지수로도 사용되고 있다.

콜론(call laon) 콜머니(call momey)

금융기관에 거대 자금을 90일 이내의 단기로 대여하거나 차입하는 시장을 콜시장이라 하고 빌린 사람 입장에서 이 콜자금을 콜론(call loan)이라 하고 빌려 쓴 사람 쪽에서는 콜머니(call money)라고 부른다.

콜옵션(Call Option)

옵션거래에서 특정 시점(만기일)에 인도될 상품을 정해진 가격으로 팔 수 있는 권리

턴어라운드주

기업이 실적 부진으로 적자상태에 있다가 실적이 호전되어 당해 연도 흑자전환이 예상되는 기업의 종목. 실적 호전에 따른 기업의 재평가가 이루어지는 과정으로 주가의 상승폭이 큰 편이고 흑자폭이 클수록 주가 상승폭이 커지는 경향이 있다.

테마주

주식시장에 영향을 주는 큰 이슈가 발생하면서 투자자들의 관심이 특정 재료에 집중해 그 재료와 관련된 종목이 관심주가 되어 급상승세를 타는데 이런 종목군에 속하는 주식을 테마주라고 한다. 이는 정치, 경제, 사회, 문화, 계절, 날씨, 유행 등 다양한 현상에 의해 형성된다.

통화량과 주가
통화량의 증가 시 금리하락 및 부동자금 증가하여 주가는 상승하고 반대의 경우 금리상승 및 부동자금 감소로 주가는 하락하게 되는 경향이 있다.

투자유의종목
거래소가 지정한 주식의 유동성 부족, 공시의무 위반 등으로 투자유의가 필요한 종목. 거래실적 부진, 주식분삭기준 미달, 관계 은행의 자기자본비율 하락, 불성실공시 또는 신고의무 위반, 사업보고서 미제출 시 유의종목에 편입된다.

트리플 위칭데이
(triple witching day) : 주가지수선물, 주가지수옵션, 개별주식옵션의 만기가 동시에 겹치는 날. 국내의 경우 3, 6, 9, 12월 두번째 목요일이다. 결제일이 다가오면 현물과 연계된 선물거래에서 이익을 실현하기 위해 주식 급매매 물량이 쏟아져 나와 주가가 급변동할 가능성이 크다.

파생상품
외환 · 예금 · 채권 · 주식 등과 같은 전통적인 금융상품을 기초자산으로 하여 만든 새로운 금융상품으로 선물과 옵션이 대표적이다.

펀드
(Fund) : 시간과 투자 노하우가 부족한 일반 투자자들이 투자금을 투자신탁운영회사나 증권사 등의 전문금융기간에 맡긴 투자금으로 구성되 대규모의 기금

풋옵션
(put option) : 옵션거래에서 특정 시점(만기일)에 인도될 상품을 정해진 가격으로 살 수 있는 권리

프로그램 매매
주식을 매매할 때 미리 입력된 컴퓨터 매매 프로그래밍을 통해 다수의 종목을 일시에 또 대량으로 자동매매 주문을 하는 것. 매매 프로그램의 기본 원리는 선물과 현물(주식) 중 상대적으로 고평가된 것을 팔고 저평가된 것을 사는 방식으로 해서 그 차이만큼 이익을 실현한다.

하락추세선
고점을 연결한 선의 기울기가 아래로 향하는 추세선

하한가
국내 증시는 하루 최대 하한폭인 -15%까지 내린 주가

하향 돌파
데드크로스. 주가나 거래량의 단기 이평선이 중-장기 이평선을 위에서 아래로 돌파해 내려가는 현상

한국거래소(KRX)
증권 및 장내 파생상품의 공정한 가격 형성과 그 매매, 그 밖의 거래의 안정성 및 효율성을 도모하기 위해 기존 증권거래소, 선물거래소, 코스닥위원회, (주)코스닥증권시장 등을 통합하여 설립된 기관.

할인율
유상증자 시 주주들의 청약을 활성화시키기 위해 신주를 현시세보다 낮게 할인된 가격으로 발행하게 되는데 이때의 할인의 정도

EXPLANATION

항셍주가지수
(Hang-Seng Stock Price Index) 홍콩상하이은행(HSBC)의 자회사인 항셍은행이 홍콩증권거래소(HKSE)에 상장된 종목 가운데 상위 33개 우량종목을 대상으로 산출하는 주가지수

허수주문
매매체결 가능성이 희박한 호가를 대량으로 냈다가 정정·취소함으로써 주가를 조작하는 행위

헤드 앤 숄더(어깨와 무릎)
(Head & Shoulder) : 3중천정형 패턴에서 가장 높은 가운데 봉을 중심으로 낮은 봉우리가 좌우로 위치하고 있는 패턴.

헷징
(Hedging) 가격변동으로 발생할 수 있는 위험에 막기 위해 이미 보유하고 있거나 보유할 예정인 현물포지션과 상응하는 동일한 수량의 반대포지션을 취하는 것. 즉 현물포지션에서 손해를 볼 경우 반대포지션에서는 수익이 발생하므로 손실을 어느 정도 상쇄할 수 있게 된다.

호가와 단위
호가(呼價)란 매수자와 매도자의 주문에 따라 표시되는 매도·매수의 가격(주문가격). 이는 금액에 따라 일정의 단위가 있는데 5,000원 미만은 5원, 5,000원 ~ 10,000원 미만은 10원, 10,000원 ~ 50,000원 미만은 50원, 50,000원 ~ 100,000원 미만은 100원, 100,000원 ~ 500,000원 미만은 500원, 500,000원 이상은 1,000원이다.

혼합형 펀드
채권과 주식을 혼합한 형태의 펀드. 주로 채권에 투자하면서 일부 자금을 주식으로 투자하는 채권혼합형 펀드와 주로 주식에 투자하면서 일부 자금을 채권에 투자하는 주식혼합형 펀드가 있다.

홈트레이딩시스템(HTS)
증권회사에 가거나 전화를 이용하지 않고도 가정이나 직장에서 컴퓨터를 이용해 주식매매 주문, 은행이체, 청약업무 등을 할 수 있는 시스템

환율
자국 통화와 다른 나라 통화의 교환비율. 즉 외화 1단위를 얻기 위해 지불해야 하는는 자국 통화의 양

환율과 주가
환율은 주가와 동행하기도 역행하기도 한다.

활동성 분석
기업이 보유하고 있는 자산을 얼마나 효율적으로 사용하였는가를 측정하는 것
투자자본이나 자산이 매출액 대비 1년에 몇 번 회전되었는가를 산출해서 기업의 활동성을 분석한다.

회사채
(corporate bonds) : 기업이 일반인으로부터 자금을 조달하기 위해 직접 발행하는 차용증서인 채권이며 주식과는 달리 일정 기간 후에는 상환해야 한다.

BPS
(주당 순자산가치, Book-value Per Share) : BPS = 순자산(자산-부채) ÷ 발행주식수
기업의 건실성을 나타내는 지표로 BPS가 높을수록 실제 투자가치가 높다는 의미. 기업이 청산될 주주들의 몫으로 순수하게 남을 수 있는 자산이 어느 정도인가를 판단하는 지표이기도 해 '청산가치'라고도 한다.

ELS펀드

주가지수연동펀드(ELS, Equity Linked Securities)
운용자산의 이자나 원금의 일부를 지수선물·옵션, 개별종목 등 주가 연계증권 등에 투자하는 펀드

EPS

(주당순이익, Earning Per Share) : EPS = 당기순이익 ÷ 발행주식수
주가의 수익성을 나타내는 지표로 EPS가 높다는 것은 수익성이 좋고 배당 여력도 많아 투자가치가 높다고 평가

ETF

(Exchange Traded Funds, 상장지수펀드) KOSPI200, KOSPI50과 같은 특정 지수의 수익율을 얻을 수 있도록 설계된 지수연동형 펀드(Index Fund)

EV/EVITA(현금흐름배수)

EV/EVITA = (시가총액 + 순차익금) ÷ (영업이익 + 감가상각비 등 비현금성 비용 + 제세금)
시가총액 대비 현금을 창출해 낼 수 있는 능력을 측정할 수 있는 기업가치 평가 지표로 EV/EVITA가 낮으면 저평가, EV/EVITA가 높으면 고평가된 것으로 판단

FOK 조건 주문

FOK(Fill or Kill)
주식주문 시 일정한 조건을 추가하는 주문으로 주문 즉시 전부 체결시키거나 전부 체결되지 않으면 전부자동 취소되는 조건 주문.

IOC 조건 주문

IOC(Immediate or Cancel)
주식주문 시 일정한 조건을 추가하는 주문으로 주문 즉시 체결되는 수량은 체결이 되고 나머지 미체결물량은 자동취소가 되는 조건 주문

KRX100

코스피 시장과 코스닥 시장의 우량 종목을 고루 편입한 한국의 통합주가지수로 26개 산업 분야에서 총 100개의 종목이 매년 선정된다.

MACD

MACD(Moving Average Convergence & Divergence)
추세-모멘텀지표 중 하나로 말그대로 "이동평균의 수렴과 발산"을 장기이평선과 단기이평선이 서로 멀어지게 되면(발산) 언젠가는 다시 가까워지는(수렴) 현상을 표현한 것

MMF

MMF(Money Market Fund)
콜론(call loan), CD(양도성예금증서), CP(기업어음) 등과 같은 단기금융상품에 60% 이상을 투자한 다음 발생한 이익을 투자자에게 돌려주는 초단기 채권형 펀드

M자형 패턴

비슷한 높이에 있는 고점 두 개가 나란히 있는 주가 패턴으로 마치 두 개의 봉우리로 된 산의 모양을 갖고 있어 이중 천정형이라고 도 한다.

OBV

(On-Balance Volume) : 거래량지표 중 하나로 매수세가 강할 때 거래량을 더해 주고 매도세가 강할 때 거래량을 빼주는 방식으로 주가가 오른 날의 거래량은 더해주고 내린 날의 거래량은 빼주는 값을 누적한 값

PBR

(주가순자산배율, Price on Book-value Ratio) : PBR = 주가 ÷ 1주당 예상순자산
주가가 1주당 순자산의 몇 배의 가치로 매매되고 있는가를 표현한 것
PBR이 낮으면 저평가, PBR이 높으면 고평가로 된 것으로 해석

PEG

(주가수익증가율, Price Earning to Growth ratio) : PEG = PER ÷ EPS
PEG가 1보다 작으면 EPS증가율보다 주 상승률이 낮아 앞으로 성장 가능성이 높다고 해석

PER

(주가수익비율, Price Earning Ratio) : PER = 주가 ÷ 1주당 예상순이익
주가가 1주당 순이익의 몇 배의 가치로 매매되고 있는가를 표현한 지표이다. PER가 낮으면 저평가, PER가 높으면 고
평가 된 것으로 해석

PSR

(주가매출액비율, Price Sales Ratio) : PSR = 주가 ÷ 주당매출액
주가를 주당매출액으로 나눈 값으로 수치가 낮을수록 저평가됐음을 의미

ROE

(자기자본수익률, Return On Equity) : ROE = (당기순이익 ÷ 평균자기자본) x 100
투입한 자기자본으로 얼마만큼의 이익을 냈는지를 나타내는 지표로 ROE가 높다는 것은 자본 대비 이익을 많이 냈다
는 것, 즉 효율적인 경영을 했다는 것을 안정적인 기업이라는 것을 의미

S&P500

(Standard & Poor's 500 index) : 미국의 스탠더드 앤드 푸어사가 기업규모 · 유동성 · 산업대표성을 감안하여 선정
한 보통주 500종목을 대상으로 작성해 발표하는 주가지수

V자형 패턴

주가가 움직움이 단기간에 급등하고 급락 혹은 단기간에 급락하고 급등하면서 산이나 계곡 모양의 V자 형태를 만드는
패턴으로 산 모양을 '단일천정형'이라 하고 계곡모양을 '단일바닥형'이라고 한다.